手話を言語と言うのなら

森壮也　佐々木倫子　編
MORI Soya　SASAKI Michiko

ひつじ書房

扉　日本手話モデル：森田明

目　次

第 1 章　はじめに……………………………………　森壮也　　1

第 2 章　手話が言語だということは何を意味するか
　　　　　―手話言語学の立場から―　…　赤堀仁美・岡典栄　　7
1. はじめに―日本における手話言語とは何か……………………　7
2. 手話が言語であると認められると何がおきるか………………　9
3. 日本における手話言語（日本手話）の特徴はどのような
　ものか………………………………………………………………　11
　　（1）　音韻体系　……………………………………………………　11
　　（2）　CL（Classifier 類別詞）……………………………………　13
　　（3）　非手指（NM=non-manual）表現　………………………　15
4. 日本手話が少数言語あるいは危機言語だと認められたら
　何がおきるか………………………………………………………　17

第 3 章　手話言語条例と手話言語法―法学・人権保障論の
　　　　　立場から―　……………………………………　杉本篤史　　23
1. はじめに……………………………………………………………　23
2. 国内法における言語の扱い………………………………………　24
3. 国内少数言語の状況と法制………………………………………　25
4. 手話言語条例の制定………………………………………………　27
5. 手話言語条例の実例………………………………………………　28
6. 手話言語条例の実情………………………………………………　29
7. 手話言語法案………………………………………………………　31
8. おわりに……………………………………………………………　34

第4章　日本手話言語条例を実現させて……… 戸田康之　37
1. 「朝霞市日本手話言語条例」の施行 ………………………… 37
2. 手話通訳を「日本手話」で…………………………………… 38
3. 手話言語として「日本手話」を獲得するろうの子どもたち　40
4. 「朝霞市日本手話言語条例」制定までの過程 ……………… 42
5. 「朝霞市日本手話言語条例」が制定されて ………………… 45

第5章　ろう教育における手話のあるべき姿
　　　　………………………………… 森田明・佐々木倫子　47
1. はじめに―手話言語法とろう教育…………………………… 47
2. 手話言語条例における学校教育と手話……………………… 49
　　（1）　鳥取県（2013年10月制定）……………………… 50
　　（2）　神奈川（2014年12月制定）……………………… 51
　　（3）　群馬県（2015年3月制定）……………………… 51
　　（4）　長野県（2016年3月制定）……………………… 52
　　（5）　埼玉県（2016年3月制定）……………………… 53
　　（6）　沖縄県（2016年3月制定）……………………… 54
3. ろう教育の中の手話…………………………………………… 55
　　（1）　なぜ日本手話なのか ……………………………… 55
　　（2）　日本手話を育てる授業の出発点 ………………… 57
　　（3）　「手話」科編成にあたって　……………………… 57
　　（4）　中学部1年授業例「RS（レファレンシャル・シフト／
　　　　　役割明示指標）とNM（非手指標識）」…………… 58
4. 今後に向けて…………………………………………………… 61

第6章　手話言語条例が制定された県の取り組み
　　　　………………………………………………… 秋山なみ　63
1. はじめに………………………………………………………… 63
2. 情報保障を必要とする場面とコーディネート責任の所在… 65
　　（1）　採用試験の場面で ………………………………… 65

(2) 研修の場面で………………………………………… 66
　　　(3) コーディネート責任の所在 ……………………… 68
3. 着任者の手話研修機会の保障………………………………… 68
4. 手話通訳者の設置に向けた動き……………………………… 71
5. おわりに ……………………………………………………… 74

第 7 章　手話の言語法の意義―ろう児の親の立場から―
　　　　　………………………………高橋喜美重・玉田さとみ　77
1. はじめに……………………………………………………… 77
2. 「手話」は言語なのか ……………………………………… 80
3. ろう児をもつろう親として言語法に期待すること………… 82
4. まとめ………………………………………………………… 86

第 8 章　手話を言語として学ぶ・通訳する…… 木村晴美　89
1. はじめに……………………………………………………… 89
2. 普遍性の神話………………………………………………… 90
3. 語源の神話…………………………………………………… 92
4. 日本語対応手話の先行に関する神話………………………… 94
5. 三つの神話を乗り越えて…………………………………… 95
6. 手話通訳……………………………………………………… 96

執筆者紹介……………………………………………………… 103

第1章
はじめに

森壮也

　皆さんは手話を目にしたことがあるだろうか。耳の聞こえない人たちが日常的なコミュニケーションの際に用いている言語である。今ではNHKのEテレで毎日、手話キャスターが伝える手話ニュースが放送され、内閣官房長官の記者会見等でも横に手話通訳が立っている。また、街中あちこちでろう者たち自身の自由闊達な会話を見かけるようになってきた。かつてと比べると、手話を見たことがないという人は、むしろ珍しいくらいになってきた。この手話について、現在、日本では、まだメ

ジャーな動きとは言えないが、従来はなかった新しい動きがある。全国の地方自治体議会による「意見書」、「手話言語条例」、そして「手話言語法」へという動きである。先陣をとって条例の制定を実現させた県では、知事のイニシアティブで手話パフォーマンスのコンテストまで開催されている。

これは、日本の聞こえない人たちによる全日本ろうあ連盟という当事者団体が、法制化を目指して推し進めている運動である。従来もそうした手話の認知を求める運動はあったが、民間財団からの経済的支援を受けたことで、その動きは大きく進展した。本書でも第3章から第6章にかけて各地における手話言語条例の現場での様子が紹介されている。しかし、その一方で、この運動は必ずしも少数言語としての日本手話の話者たちの賛同は得られていない。それどころか、むしろ日本手話の危機言語化につながるものと危惧されている。

いったいどうしたことだろうか。手話言語条例を求める運動で用いられてきたスローガンには「手話は言語」ということばがある。しかし、言語としての手話についての理解は、少なくとも現今の各地域で実現した法制を見る限り、残念ながら未だ非常にお粗末な状況にあるというのが本書の編者、筆者らの共通認識である。手話の公認は、本書でも述べられている国連障害者の権利条約や欧州各国での動きを見るまでもなく、世界的な潮流であると考えられる。ところが、日本における手話に対する言語理解は残念ながらいささか事情が異なってしまっているようである。「手話は言語」と声高に叫ばれるわりには、その言葉が持つ意味は十分な思慮を経てきているとは思われない。おそらく、「手話話者であるろう者も音声言語話者である聴者

と同等の権利を持つ」程度の意味で使われているのではなかろうか。また、条例・法の制定に際しては、一般的に様々な政治力学が働いた結果、議会での裁決までこぎつけた文面は、必ずしも社会的に必要とされる内容にならないことも多いというのは、よく知られた事実であろう。こうしたことは今回の条例に限らない。しかしながら、ここで私たちが示すべきは、そうした社会情勢に対する諦念だろうか。

　諦念の前に頭を垂れることを、本ブックレットの筆者である私たちは無論、潔しとはしない。日本が多言語社会であることを前提に（真田・庄司 2005）日本の中のマイノリティ言語の中で、最初に言語としての公認を求めた手話について、その問題と、条例・法律が取り組むべき対象と課題を今、ひとたび明らかにして、同法に関心を持つ多くの関係者に問おうというのが、本ブックレットの目指すところである。「手話は言語」というのなら、そこで言う言語とは何なのか、また「手話が言語」であるのなら、これまで特定の言語についての条例／法律をほとんど持たなかったと言って良い日本で、何を考えなければならないのか。本ブックレットはそれを問おうとするものである。手話は、そもそも、音声日本語を発しながら、同時に手でパフォーマンスできるものなのだろうか。手を動かしていれば手話なのだろうか。

　本ブックレットは以上の問題意識を共有する様々な背景を持つ方々に、『手話を言語と言うのなら』というタイトルで、諸条例ではどのようなことが盛り込まれるべきなのかということをそれぞれ具体的な事例を挙げながら論じて頂いた。当事者団体の条例や法律の案に対しても忌憚のないご意見を寄せて頂い

た。

　本ブックレットの本章以降について概略を紹介しておきたい。本章に続く第2章では、手話言語条例／手話言語法運動でスローガンとして掲げられる「手話は言語」ということの意味を、言語学的実例を挙げて解説して頂いた。第3章では、法学的・人権保障論的な立場から、言語について法の形で規定していく場合の諸問題や言語権という新しい権利の観点に照らした際の諸問題について論じて頂いた。第4章は、全国各地で実現している手話言語条例の中で唯一「日本手話」ということばを条例の中で重要なものとして組み込んだ埼玉県朝霞市の事例についてその背景や条例が制定されるまでの経緯について書いて頂いた。第5章からは、手話言語条例／手話言語法や条例案／法案の影響を現時点で最も受けている教育現場での事例を中心に様々な方々に論じて頂いた。第5章は、手話言語条例／手話言語法で手話を言語として位置づけるなら、ろう教育の現場ではどういう手話が必要なのかについて、第6章では、ろう学校のろう教員の立場からろう学校での現場の実態と条例／法に何が期待されるのか、そして第7章では、ろう児を持つろうと聴のそれぞれの親の立場から、自分のろうの子供たちにとって、どういった教育が言語に関して望まれるのかについて論じて頂いた。最後に第8章で、手話通訳養成の専門教師の立場から、指導の対象となる手話はどのようなもので、この手話へのどういった理解が求められるのか、また手話通訳養成では、言語としての手話という立場からは何が求められるのかについて解説して頂いた。いずれもそれぞれの立場からの手話言語条例／法に対する大事な問題提起と議論を含んだ論考である。

なお本ブックレットでは、各原稿での手話についての記載は筆者のオリジナルのものを尊重した。このため、特に、手指日本語については、日本語対応手話という世間で最もよく使われるものや、これを略した対応手話、この他、手話付きスピーチという言い方などがあるが、いずれも同じものを指している。これは、手指・視覚モーダリティ（伝達形式）の言語ではあるが、文法構造は原則的に音声日本語のものに即している言語のことである。またコミュニケーション様式に注目して、シムコムという表現も時に世間では見られるが、これは言語名ではなく、音声と手指の言語とを同時に発するという意味である。このため、音声を発していなくても、脳内の文法構造が日本語であれば、やはり手指日本語となることも記しておきたい。

最後に本ブックレットが生まれるにあたっては、今やメジャーなSNS（ソーシャル・ネットワーキング・サービス）のひとつであるFacebookの上で、まさに「手話が言語であるのなら」という疑問を投げかけた松本功ひつじ書房社長のひとことが大きなきっかけであった。このひとことに編者のひとりである森が反応してFB上でのコミュニケーションを始めたことが本書のスタートとなった。松本さんのブックレットを作りましょうという決断にどれだけ、私たちが励まされたか。また本書の趣旨にご賛同頂きながら、多忙等のため今回はご寄稿頂けなかった大勢の方々の励ましにも改めて御礼申し上げたい。本ブックレットが、手話言語条例や手話言語法に関心を持つ大勢の皆さんの目に触れ、またこれから関心をお持ち頂ける際の良いきっかけになることを願ってやまない。

参考文献

真田 信治・庄司 博史　編（2005）『事典 日本の多言語社会』岩波書店．

第2章
手話が言語だということは何を意味するか
― 手話言語学の立場から ―

赤堀仁美・岡典栄

1. はじめに ― 日本における手話言語とは何か

　全日本ろうあ連盟のホームページに掲載されている日本手話言語法案（2012/4/09掲載、日本財団作成と書かれている）において、「日本手話言語」の定義は「日本のろう者が、自ら生活を営むために使用している、独自の言語体系を有する言語を指し、豊かな人間性の涵養及び知的かつ心豊かな生活を送るた

めの言語活動の文化的所産をいう。」とされている。「独自の言語体系を有する言語」ということであれば、それは少なくとも日本語とは異なる言語であることが想定される。であれば、日本語の文法にのっとって、一つ一つの単語を日本語の語順のままに手で表わしたもの（いわゆる日本語対応手話）はここに言う「日本手話言語」ではない。それは「日本語」を「手で表わしたもの」であり、「手指日本語」と呼ばれるべきものである。声で表わしても、手で表わしても、紙に書いても、あるいは点字で表わしても、「日本語」は「日本語」である。「日本語」を手で表わしたら「手指日本語」にはなるが手話言語にはならない。

　言語には音声言語と手話言語がある。母語としてろう児が身につける手話言語は日本の場合は日本手話と呼ばれる。アメリカの場合にはアメリカ手話、ブラジルであればブラジル手話、イタリアであればイタリア手話と呼ばれる。日本語を日本言語あるいは日本音声言語と呼ばないのと同じように、そもそも日本手話を日本手話言語と呼ぶのは不自然である。

　松岡（2015：9-10）によれば、日本で「手話」と呼ばれているものには日本手話、手指日本語、混成手話の3種類がある。手話言語である日本手話、日本語の手指コミュニケーション法である手指日本語、その両者の間に話者数としては一番多いがどちらの言語の文法要素も完全ではない混成手話がある。そして「手話言語の知識がない聴者にとって、日本手話・手指日本語・混成言語を区別することはとても難しいことです。その結果3つを区別せず、すべてを「手話」とよぶ慣行が広く見られます。」（松岡（2015：11）。という状況がある。

手話言語は音声言語同様、言語であるから、「日本語と同等の言語として認知」され得る。音声日本語とは異なる手段で表現される（手で表現される）というだけであれば、それはモダリティ（様式）の違いに過ぎず、言語としては依然として日本語である。ここで言うモダリティとは手段・方法のことで、要は口で話すか手で話すかという違いである。つまり手を用いて表わされる日本語（手指日本語）はその名が示す通り日本語なのである。したがって、手話言語法案の「日本手話言語」の定義に従えば、日本語対応手話は独自の言語体系を有しないのだから、この法案のいう「日本手話言語」ではないことになる。

2. 手話が言語であると認められると何がおきるか

　日本の法律上、手話は既に言語として認められている。2011年の改正障害者基本法第三条三に「全て障害者は、可能な限り、言語（手話を含む。）その他の意思疎通のための手段についての選択の機会が確保されるとともに、情報の取得又は利用のための手段についての選択の機会の拡大が図られること。」と書かれている。ここにいう手話は「独自の言語体系を有する言語」と限定されていないので、日本語対応手話や触手話を含む、手話と呼ばれるものすべてを含むと考えられる。

　そして法案にいう「日本手話言語」が言語として認知されるということは、「日本語と同等の言語として認知」されるということであって、日本国内における他の少数言語、たとえばアイヌ語や琉球諸語に対して「日本手話言語」が優先される必然性はない。言語としては、すべての言語は対等である。言語と

しての手話だけが特別なものであって、他の言語よりも多くの権利を主張できるわけではない。もし、それを求めるのであれば、それは手話が言語であるという事実から導き出されるものではなく、手話の話者たちの耳が聞こえないという事実から導かれるものであり、言語の話ではなく福祉の話である。手話が言語として認められず、手まね・猿まねとさげすまれていたものから、言語として認知されるようになったとしても、言語としての手話に他の言語にない価値が認められるわけではなく、他の言語と同様の価値が認められるようになるだけのことである。

　日本には公用語を規定する法律もない。手話言語法により、福祉政策ではなく、言語政策を求めるという場合に、何を求めているのか。手話言語法案は基本的に国連の障害者権利条約および障害者基本法に書かれている権利を担保しようという法律である。現状でも、（義務）教育は日本語で行わなくてはならない、という規定はないのだから、例えばろう学校においては手話を教授言語として採用する、あるいは「国語」に代えて「手話」を必修科目にするというようなことを義務付ける場合でも法律の改正すら必要ではない。ニュージーランドやイギリスでも手話を言語として規定した法律にろう学校における手話の必修化が盛り込まれなかったために、ろう学校の状況は何も変わらなかったという反省を聞くことが多い。日本においてある教科を教育課程の中に入れるためには、法律（改正）は必要ではない。小学校の５，６年生の英語が「外国語活動」から教科に格上げされる場合も、学習指導要領の中で規定される。

　日本の法律上、手話は既に言語だと認知されており、手話が

言語だということが明らかになっても、それによって特に新たな権利が発生するわけではない。

3. 日本における手話言語（日本手話）の特徴はどのようなものか

　日本における手話言語（日本手話）の特徴に関し、ここでは、特に音声言語との違いが顕著であると考えられる音韻体系について、次に世界の手話言語に共通する特性であると考えられるCL（Classifier: 類別詞）について、そして最後に手で表わされない非手指（NM=non-manual）の表現について説明する。

(1)　音韻体系

　手話言語には音声言語のような発音・発声はない。しかし、手話言語においても、それ自身は意味を持たないが、意味の違いを作り出す部品である音韻をさまざまに組み合わせて無限の語を作ることができるという特徴がある。

　音声言語は、母音と子音を一定の規則にしたがって組み合わせて語を作っていく。手話言語では、音声言語の母音と子音にあたるようなものに、「手の形」「位置」「動き」と「手のひらの向き」がある。それらの一つの要素を換えると意味が異なる語になる。以下、手話単語の意味は＜　　＞で囲って表わす。

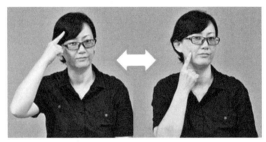
　　　　＜思う＞　　　　＜うそ＞

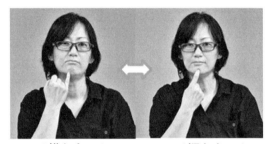
　　　＜構わない＞　　　＜疑わしい＞

　＜思う＞と＜うそ＞では手話の音韻のうち、「位置」（頭か頬か）だけが異なり、＜構わない＞と＜疑わしい＞では「手の形」（小指か人差し指か）だけが異なることで意味の違いが生まれている。「手の形」「位置」「動き」「手のひらの向き」もいずれも無限なわけではない。見分ける「手の形」の数はそれぞれの手話言語によって異なるが、いずれの言語においても限られている。「位置」にしても、例えば顔のどこを使っても語を構成する部品としての役割を果たせるわけではなく、言語の構成要素として使うことができる「位置」は限られている。「動き」も同様で、決まった動きの組み合わせで語が作られる。そこが、言語とジェスチャーの異なるところでもある。ジェス

チャーはどのような動きをするかに制限はない。

　また、音声言語との大きな違いは、口は一つしかないのに、手は二つあるという点である。音声言語では基本的に 2 つの音を同時に発音することはできないが、手話言語においては手が二つあるので、両手は別々のことができる。しかし、両手を使う手話単語には音韻的な条件があり、それに違反する語は不自然な語、日本手話の語ではないと判断される。それはバチソンの制約（Battison 1978）と呼ばれるもので、両手の形が同じ場合には動きは同じか交互、手の形がちがう場合には、利き手でない方の手がとる形には制限があり、それらはより単純な手の形に限られる。つまり、両手が別々の形で別々の動きをするようなことはありえない。そのような手話単語をたとえ作ったとしても、それらが定着して使われるようなことは、まずない。

(2)　CL（Classifier 類別詞）

　CL とは物の形や性質、大きさや動きなどを手で表わしたものである。CL と呼ばれるのは海外での研究の影響を受けたからということもあるが、日本語の類別詞に見られる細長いもの、例えば鉛筆は 1 本、2 本と数え、紙のような薄いものは 1 枚、2 枚と数えるといった分類のしかたと共通性がある。さらに、CL 表現は物の形そのもの（名詞）や動き（動詞）、大きさ（形容詞的なもの）などを表わすことから、従来の音声言語の品詞分類である、名詞、動詞、形容詞、副詞などとは異なる体系を有している可能性がある。

　同じくらいの大きさの四角いものでも、ハンカチと額縁、座

布団では表わされ方は異なる。図形は基本的に左右線対象に描くというルールがあるが、それに従って手を動かすに際しても薄いものは人差し指だけで、額縁は座布団のように厚みのあるものは厚みのあるものをつかんでいるような手の形で四角形を描く必要がある。薄いものは親指と人差し指で薄いものをつかんでいるような手の形で表わす。したがって、もし額縁を人差し指で四角を描いて表わしたら、それは間違いだということになる。

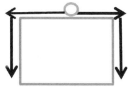

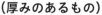

四角の書き方

（厚みのあるもの）

（薄いもの）

　CLでは形の輪郭を描く際に用いる手の形でその形状と性質（厚い、薄い、やわらかい、硬い）などを同時に表わすことができる。これは名詞の例であるが、動詞でも同じようにもともとの動作に加えてCLでその様子を同時に表わすことができる。たとえば、「歩く」でも普通に歩くのと、「千鳥足で歩く」「急

坂を歩く」のでは CL 表現が異なるが、それは音声言語のように「ちどりあしであるく」と順番に一つずつ（線状的に）表わされるのではなく、歩くという動作に加えてどのように歩くかという副詞的な情報が動詞に埋め込まれた形で同時に表現される。

〈千鳥足で歩く〉

〈急坂を歩く〉

事物や動きをいきいきと目に見えるように手で表現した CL 表現は、ジェスチャーと混同されやすい。しかし、以上に見てきたように、CL 表現には規則があり、それにしたがっていないものは誤用である。

(3) 非手指（NM=non-manual）表現

「手話」というと手指で表わされるものだという認識が一般的だろう。しかし、手話の文法の中には手では表わされないものが多く存在する。では文法はどこで表わされるのだろうか。多くは顔の部分である。眉、目、口、あご、頭などの動きによって表わされる。例えば、Yes/No で答えられる疑問文には目の見開きが必要である。目を見開くと眉も同時にあがり、あごが引かれるという一連の動きが発生するが、それらが Yes/No 疑問文を作る。顔の動きが伴わなければ、それは日本手話

においては、疑問文として理解されない。顔の動きがなければ、「あなたは佐藤さんです」も「あなたは佐藤さんですか」も手で表わされる部分は同じである。顔がいかに大事な文法要素を担っているかがわかる。もう一つの疑問文のタイプである不足している情報を得るための疑問文、Wh 疑問文にはまた別の顔の動きがある。それは首ふりと呼ばれるが、実際には頭ふりに近い短くて軽い頭の振りである。その際にはあごは前に出ていることが多く、ほとんどの場合、眉上げや目の見開きがつく。

　また、日本手話の場合、Wh 疑問文では、Wh 疑問詞は文末におかれ、そこに Wh 疑問の NM 表現がかかる、ということになる。手指では「佐藤」しか表現されていなくては、Yes/No 疑問文の NM 表現が出ていれば、「あなたは佐藤さんですか」ということになり、Wh 疑問文の NM 表現が出ていれば「佐藤さんは（どうしていますか）？（どこですか）」という意味になる。

　また、頬や口の動きも NM 表現として使われる。P.14 の中段の写真を見ていただきたい。厚いものと薄いものを表わすのでは、頬の膨らみ方が違う。厚いものを表わしているときには頬がふくらんでいる。薄いものの場合には頬がへこんでいるが、これを逆に表わすと手指が表わす情報と矛盾する。もし、厚いものを表わしたい時にほおをへこませたら、それは間違いである。口の動きが表わすものもいろいろあるが、P.15 の写真で千鳥足で歩いている場合には口がやや開いているのに対し、急坂を歩いている場合には口がしっかりと一文字に閉められているのがわかる。これらの口の形は、それぞれ「ふらふらと」と「一生懸命」に相当する副詞的な意味を表現している。

球体の物を例にとれば、卓球の球からバスケットボールくらいの大きさまでであれば、概ね実物の大きさを反映した球体を手で表わすことはできる。しかし、それがどんどん大きくなって大玉ころがしの玉、更には地球のような大きなものを表わす場合にはどうするのだろうか。もちろん地球を表わす手話単語＜地球＞は語彙として存在するが、ものすごく大きいものを表わそうとしたら、実寸を使おうとすれば両手の長さ以上のものを表わすことができないことになってしまう。そこが言語とジェスチャーの違いで、手話では目をいったん閉じて、わずかな溜めを作って見開くことで、非常に大きなものを表わすことができる。それはいわば最上級を表わす表現で、「非常に小さい」も「非常に美しい、重い、まずい」等もすべてこの顔の動き（NM表現）で表わすことができる。これらの表情は文レベルではついていることが当たり前で、全くNM表現のない手話表現は単語の辞書形以外ではあまり見ることがない。
　以上見てきたような文法的な特性が日本手話には豊かに含まれており、それらは日本手話が日本語とは異なる言語であること示している。手指単語を音声言語の語順どおりに表わしたもの（たとえば手指日本語）は手話言語ということはできない。

4. 日本手話が少数言語あるいは危機言語だと認められたら何がおきるか

　日本手話が言語だということはわかったが、それだからと言って何か特別な権利が発生するわけではない。日本手話が特別に守られる必要があるとしたら、それは少数言語だからでは

ないか。

　国連レベルの条約ではないが、ヨーロッパには 1992 年に欧州評議会が定めた「地域言語または少数言語のための欧州憲章」がある。欧州における手話言語の認知、保護の流れに関しては（イ（2009）：244-263）に詳しいが、簡単にまとめると以下のとおりである。この憲章はヨーロッパを多言語・多文化の空間としてとらえ、国家の公用語以外の地域言語または少数言語をヨーロッパの貴重な文化遺産として保護・育成することを目的としている。2001 年の欧州評議会議員会議が採択したマイノリティの権利に関する勧告では、ヨーロッパで用いられている様々な手話言語に対して、「地域言語または少数言語のための欧州憲章」に定められている言語と同じような保護を与えるべきであるとされた。

　さらに 2003 年に欧州評議会議員会議は「欧州評議会参加国における手話言語の保護に関する勧告」を採択した、その勧告は手話言語をヨーロッパの言語的文化的遺産の一つとしてとらえ、手話言語がろう者にとってコミュニケーションの完全で自然な手段であることを認め、手話言語使用者の権利を擁護するためには、手話言語を公的に認知し、専門家ならびにろうコミュニティの代表者との協力のもとに予備的研究を始めることなどを欧州評議会に対して提言した。（イ（2009）：268）

　それが実現すれは手話言語が少数言語としての資格を有すること、そしてろう者が言語的文化的マイノリティであることがはっきりと憲章に書き込まれることになる。しかしながら、2016 年現在それは実現しておらず、また、いずれの国も自国の中の地域言語・少数言語として手話を挙げていないために、

欧州で使用されているいかなる手話言語もこの憲章の対象言語とはなっていない。

　国連の機関の一つである国際連合教育科学文化機関（ユネスコ）は消滅の危機にある言語の地図を発表している。2009年に発行された第3版では、日本で話されている言語のうち、アイヌ語が「極めて深刻」、八重山語・与那国語が「重大な危機」、八丈語、奄美語、国頭語、沖縄語、宮古語が「深刻」という段階区分に入っている。（危機言語は消滅、極めて深刻、重大な危機、危険、脆弱、安全の6段階に分けられている）。そのため、文化庁は上記8言語に関する研究を国立国語研究所や大学等の研究機関に委託し、その実態に関する調査研究を進めている。アイヌ語に関しては保存・継承に必要なアーカイブ化に関する研究も行われている。

　もし、日本手話も少数言語である、あるいは危機言語であるということができれば、その実態研究や保存・継承のための研究が、大きな研究機関や大学等でできるようになるかもしれない。木村・市田((1995)の「ろう文化宣言」では「ろう者とは、日本手話という、日本語とは異なる言語を話す、言語的少数者である」と定義されている。ろう者は言語的マイノリティである。では「日本手話」は日本における少数言語か。日本手話の話者数は何人なのか。2006年の厚生労働省の統計で聴覚障害者数は34.3万人であり、そのうち手話を日常のコミュニケーション手段としている者は6.4万人であるが、どのような手話かは不明である。危機言語だと言うことができれば、公的な研究の対象になることができるのか。

　そもそも1000人に1人生まれると言われるろう児の中で、

親もろう者であり、家庭内の言語が手話である子どもはさらにその中の10％以下だと言われる。90％以上のろう児は聴者である親から生まれ、子どもの耳が聞こえないと分かった時点では、母子に共通する言語はない。親が話す音声日本語は子どもの耳には届かない。親子ともにろうであるごくわずかの家族を除いて、手話は自然に継承される言語ではなく、母語として獲得することが難しい言語である。

しかしながら、聴者家庭で育ち、家庭環境としての手話は不十分であっても、ろうの大人、同年齢のろう児との関わりの中から、手話を母語獲得していくろう児たちは現実に存在する。東京都にある私立のろう学校である明晴学園の環境はそれにあたり、明晴学園で育つ子どもたちの母語は日本手話である。

他方、聴覚障害者のうち、日常生活において手話を使用しているとされる6.4万人のすべてが日本手話の話者ではない。その手話には手指日本語も混成手話も含まれる。ということは、日本における手話言語（日本手話）の話者数はかなり限られることになる。日本手話の話者数の実態調査から始めるのがいいかも知れない。日本手話の話者数を維持し、消滅の危機を迎えないためにまずすべきことは、日本手話の母語話者数を増やしていくことである。それはつまり、ろう児を日本手話の環境の中で育てるということである。それが本来「手話で学ぶ」ことの目的であるはずだ。手話言語法を作って、一般の聴者に対して手話が言語であることを啓蒙する活動も必要かもしれないが、人工内耳の普及もあり、日本手話の母語話者がゼロになってしまっては意味がない。

日本手話が独自の言語であることはその音韻や文法の構造か

ら明らかである。また、日本手話は家庭内で自然に継承されにくい、話者数の少ない言語である。今後消滅の危機に瀕する可能性のある言語かどうか、まず実態調査をして、話者数を把握し、それに見合った対策をとることが必要ではないか。あいさつ程度しかできない聴者を手話話者としてかぞえ、手話言語条例の広がりの中で、手話がわかる人が増えていると安閑としていていいのだろうか。手話による教育が必要なろう児が十全な言語である日本手話による教育を受けられていなければ、日本手話の今後は明るくない。現状をしっかり把握した上で、日本の手話言語である日本手話を維持・発展させていきたいものである。

参考文献

Battison, R. (1978) *Lexical Borrowing in American Sign Language*. Silver Spring, MD: Linstok Press.

イ・ヨンスク（2009）『「ことば」という幻影』明石書店.

木村晴美・市田泰弘（1995）「ろう文化宣言〜言語的少数者としてのろう者」『現代思想』23（3）, pp.354–62. 青土社.

松岡和美（2015）『日本手話で学ぶ手話言語学の基礎』くろしお出版.

第3章
手話言語条例と手話言語法
― 法学・人権保障論の立場から ―

杉本篤史

1. はじめに

　本章では、全日本ろうあ連盟（以下、連盟）が中心となって取り組んできた、各地での手話言語条例制定の動きと手話言語法制定推進運動について、法学的・人権保障論的な視点から検証したい。

　そのためには、そもそも日本における言語に関する法制度の

状況を確認する必要がある。そこでまず、日本国内法制における言語の扱われ方と、様々な国内少数言語に関する運動や研究状況について概観する。そのうえで、各地で制定されている手話言語条例の特徴や課題、そしてそれらを踏まえて、日本初の言語権立法となる可能性のある、手話言語法案の課題について検討していく。

2. 国内法における言語の扱い

　まず結論からいうと、日本国憲法および国会制定法では、国の公用語あるいは個人または言語的少数派集団の言語権に関する明文の規定は一切ない（いわゆるアイヌ文化振興法については後述する）。他方で、総務省行政管理局が提供する法令検索システムによれば、表題および本文中に「言語」という用語を使用する日本国の法令（憲法・法律・政令・勅令・府令・省令・規則）は総現行法令数8258件中178件、「日本語」は143件、「国語」は149件、「手話」は14件、「アイヌ語」は2件、「琉球語」は0件、「外国語」は111件、「英語」は71件である（2016年7月末現在）。その多くはそれぞれの用語の定義を欠いたまま、自明のものとして法文中で使用されている。

　例外的に、言語聴覚士法第1条は、言語聴覚士を「音声機能、言語機能又は聴覚に障害のある者についてその機能の維持向上を図るため、言語訓練その他の訓練、これに必要な検査及び助言、指導その他の援助を行うことを業とする者をいう。」と規定している。また、手話通訳を行う者の知識及び技能の審査・証明事業の認定に関する厚生労働省令第1条には「聴覚、言

語機能又は音声機能の障害のため、音声言語により意思疎通を図ることに支障がある身体障害者（以下「聴覚障害者等」という。）」という記述がある。いずれもある言語そのものを定義している訳ではないが、国家の言語観（言語とは音声言語を指す）の一端を示す例といえる。

　また、言語に言及される例は、国会制定法以外の法形式において多い。例えば、法廷通訳や証拠提出における具体的な言語や通訳方法の指定などは、最高裁判所規則で定められている。また、省庁の発する行政文書におけるかな漢字表記やローマ字表記の標準は内閣告示・訓令により定められ、国語や外国語に関する教育課程の規準を定めるのは文部科学省告示の法形式で発せられる学習指導要領である。

　手話に関する扱いをみると、2011年8月改正により、障害者基本法第3条3号に「言語（手話を含む。）」の文言が追加されたとはいえ、多数の法令で参照される障害等級別表には「音声又は言語機能に著しい障害を有するもの」という表現があり、ここでも音声言語を使用しない者＝言語に障害のある者とみなしている。このように、手話をめぐる言語観についても、現行法令間で一貫性を欠いていることがわかる。

3. 国内少数言語の状況と法制

　日本の国内法制で、いまのところ唯一の言語権に関連する法制は、アイヌ文化の振興並びにアイヌの伝統等に関する知識の普及及び啓発に関する法律（アイヌ文化振興法・1997年）であるが、その内容は少数者集団またはその集団に属する個人の

言語権を正面から承認・保障するものではなく、アイヌ語という継承語に関する言語権保障立法としては全く不十分な内容である。

他方、法令の根拠に関わらず、例えば在日韓国・朝鮮人は民族学校において韓国語・朝鮮語の継承語教育を独自に行ってきた。また地域的少数言語である琉球諸語については、学術機関および民間活動を通じて継承語としての保存・教育活動が活発化している。

これらの活動とは別に、1990年代以降特にクローズアップされた問題として、移民の日本語教育問題がある。特に、移民の子どもや、親の国際結婚等により永住権や国籍を取得したが、日本語を母語としない子どもについて、日本に居住しながら充分な日本語教育の場が確保されていないことが問題となっている。これについては調査研究が進められ、日本語教育学会を中心に日本語教育に関する法制化案がまとめられている。具体的には、日本語教育振興法案（日本語教育保障法研究会 2009）と、立法化のための政策提言（日本語教育政策マスタープラン研究会 2010）があるが、具体的な立法過程としては、その後の進展はないようである。

これに対して、同様のプロセスを踏みながら、学術的成果で終わらず、実際に各地で条例制定と意見書の採択を推進し、その結果、日本初の言語権法制となる現実的可能性を秘めているのが、5.で検討する手話言語法案であるが、その前に、この立法化プロセスにおいて重要な役割を担うと思われる、各地の手話言語条例について検討する。

4. 手話言語条例の制定

　現在、何らかの形で手話言語条例を制定している地方自治体は、8県44市町村の合計52自治体である（2016年7月末現在）。その多くは、連盟の作成した条例モデル案（都道府県版、市町村版がある）を元に作成されている。連盟は、手話言語法、都道府県手話言語条例、市町村手話言語条例の役割を以下の3つに区分している。すなわち、手話言語法は、手話に関する5原則（手話を獲得する、手話で学ぶ、手話を学ぶ、手話を使う、手話を守る）により、地域格差なく全国共通の施策枠組みを作ることが役割であり、都道府県手話言語条例では、各地のろう者団体および手話通訳者団体、市町村と連携して、「手話を学ぶ機会の確保」「手話を用いた情報発信等」「手話通訳者等の確保、養成等」「学校における手話の普及」「事業者の支援」「ろう者等による普及啓発」「手話に関する調査研究」の7項目についての施策を推進するとともに、聴覚障害者情報提供施設等の支援、ろう学校における手話教育の推進も任務とされている。市町村手話言語条例では、手話を使用する住民について、手話によるコミュニケーションおよび社会参加がしやすい環境を整えるために、地域における手話への理解と普及を促進するための施策を行うとされている。具体的には、ろう者に関わる公共機関、商業施設などの企業、町内会等の住民組織、地域の小中学校での手話についての啓発と普及活動、および手話通訳者の配置等が任務とされている（全日本ろうあ連盟（2014）「市町村手話言語モデル条例を策定するにあたって」より）。

5. 手話言語条例の実例

　実際に制定された各地の手話言語条例には、モデル案とは異なる独自の内容を持つものもある。特徴的な条項を持つ条例としては、まず京都市および三重県の手話言語条例が、手話による観光案内を促進する旨の規定を持つ。また、埼玉県朝霞市の条例は、他の条例が「手話言語」という用語が日本手話を指すのか、それとも日本語対応手話（手指日本語）を含むのかを曖昧にしている中で、いまのところ唯一、日本手話のみを指すことを明記している（詳しくは第4章に譲る）。

　また、市町村条例でありながら、学校における手話の普及に言及するものとして（以下、列挙する場合は条例の成立が早い順）、福島県郡山市、兵庫県神戸市、兵庫県明石市、大阪府大東市、群馬県前橋市、兵庫県淡路市、宮崎県日向市、大阪市、京都市、兵庫県小野市、北海道旭川市がある。同様に医療機関における手話の普及に言及するものとして、福島県郡山市、群馬県前橋市、大阪市、北海道旭川市がある。

　災害時の対応について何らかの言及をしている条例は、福島県郡山市、群馬県前橋市、埼玉県、千葉県習志野市、長野県、北海道旭川市、三重県の七つである。

　手話の権利とともに要約筆記等の推進による情報アクセシビリティ権としての側面を強調するものとして、兵庫県明石市、千葉県習志野市がある。

6. 手話言語条例の実情

　手話言語条例を制定した自治体は、2013年の鳥取県を皮切りに、総数1788のうちまだ52という現状で、これらの条例の当否を即断することはできない。しかし、この4年間にも懸念すべき事態がいくつか垣間見えた。ここではそれらを指摘することで、今後さらに増えると予測される各地の手話言語条例の内容と運用における留意点を示したい。

　先に触れた、京都市および三重県の条例では、手話を必要とする観光旅行者への配慮について定めているが、これが地元在住のろう者による観光ガイドを養成するのか、それとも聴者の手話通訳者の業務範囲を観光ガイドにまで広げる趣旨なのかが判然としない。聴者の手話観光ガイドを養成するだけでなく、地元在住のろう者に対しても観光ガイド養成の道を拓くことで、ろう者の社会参加の幅を広げていく先例となるよう運用してもらいたい。

　神奈川県手話言語条例については、条例の内容ではなく、条例に基づいて県が定めるべき県手話推進計画の素案に関するパブリックコメントの募集手続きにおいて問題が発生した。通常、パブリックコメントは日本語による意見を文章化し、それをメール、ファックス、郵送で送付することになっているが、今回はろう者の手話による意見表明を録画したDVDが47人から75件提出された。県手話推進計画について協議する手話言語普及推進協議会では、その取扱いをめぐり混乱した。結局、手話映像による意見表明を日本語文章に翻訳したものを県が準備したうえで再度協議会を開催することで決着したが、条例に

おいて手話についての理解と普及およびろう者の社会参加の促進を図るべき自治体そのものが、手話とろう者についてまず理解を深めなければならないことが露呈した。この神奈川県の事例は、広く各自治体における手話言語条例の運用において教訓とされなければならないだろう。

　ところで、連盟の作成した都道府県条例モデル案においては、先述のように、学校における手話の普及およびろう学校における手話教育の推進が都道府県の任務とされている。しかし、すでに手話言語条例を制定した8県の対応はかなり異なっている。この点についての詳細は第5章に譲るが、ここでは2点のみ指摘しておく。まず、神奈川県の条例は連盟の用意した市町村向けのモデル条例案を参考にしたかのようにシンプルな構成で、学校に関する規定はそもそも存在しない。次に、沖縄県の条例では、ろう児等の通学する学校について、「学校教育法第1条に規定する学校をいい、大学を除く」との範囲を限定する注記がなされている。

　最後に、5. でも触れたが、ろう者への災害時情報保障について何らかの言及がある条例は、3県4市のみである。連盟の条例モデル案にも特にその点についての言及はないが、モデル案の策定前に、2011年3月の東日本大震災の経験があり、その折に発生した災害情報の問題に関して、連盟自身による詳細な調査報告が行われている以上、都道府県、市町村の双方のモデル条例案で特に明記すべき事項ではなかったかと思われる。

7. 手話言語法案

　手話言語法案については、他章でも様々な立場からの評価がなされるであろうから、ここでは、法学・人権保障論の立場から、法案の内容について1点、制定プロセスについて1点、そして国際法上の言語権概念の国内法への受容という課題と関連して1点、問題点を指摘したい。

　まず手話言語法案の内容については、本法案で手話言語とされるものが、日本手話なのか日本語対応手話なのかが明確にされていないという、ただその1点が問題である。しかもこの問題は、「手話は少数言語である、だから手話に関する言語権を主張する」という本法案の趣旨を根底から覆す自己矛盾をはらんでいる。手話の手指表現を日本語の語順で表わす日本語対応手話は、日本語によるコミュニケーションの一類型であり、それは情報アクセシビリティ権の問題である。言語権に基づき保障されるべき具体的事柄と、情報アクセシビリティ権に基づくそれが、結果として同様の内容になることは、両権利の性質上ありえることである。しかし、現在の日本語対応手話利用者数の趨勢に乗じて、日本手話を母語とする人々の言語権保障が不十分なまま看過されれば、手話言語法はその帰結として、ろう者と日本手話を疎外することになる。連盟が手話言語法案とともに立法化を目指している、情報アクセシビリティ権に関する内容の、情報・コミュニケーション法を活用して、日本語対応手話と日本手話の権利保障の住み分けと両者の連携を構築すべきである。

　次に、制定プロセスであるが、いままでみてきたように、連

盟は、まず都道府県、市町村の各レベルでの条例制定を推進し、あわせて国に手話言語法の制定を求める意見書の採択を、各自治体の議会に働きかけてきた。その結果1788自治体の議会すべてにおいて、意見書採択が行われることになった。このように自治体のレベルからボトムアップして立法化を目指すプロセスは、実は3.で紹介した日本語教育振興法案の制定プロセスの検討においても言及され、市町村および都道府県向けの日本語教育振興モデル条例案を策定するところまでは研究報告がなされている（日本語教育学会日本語教育振興法法制化ワーキンググループ最終報告会・2012年3月24日・於東洋大学）。この研究報告会には筆者も参加したが、この時に将来のロードマップとして提案されたのが、まずモデル条例案を策定し、これをもとに移民集住地域の自治体を中心に条例制定を推進し、その延長線上で立法化を推進・実現するプロセスであった。奇しくも同時期に、二つの言語権立法について、同様のプロセスでの実現が検討されていたのである。

　日本社会において、圧倒的な数を占める言語的多数派には極めて理解されにくい、日本の言語的少数派の多様なニーズを啓発し、その保障法案を現実の立法過程に乗せていくためには、このボトムアップ式の立法戦略は有効な手段ではないかと思われる。そして、たいへん興味深いことに、言語権以外の国内少数派の権利主張でも、近時同様の手法が取られているが、それによりボトムアップ戦略の問題点も浮き彫りになってきた。例えば、いわゆるLGBT差別解消問題と、ヘイトスピーチ規制問題については、いずれも、各地で条例制定運動が発生しているが、このうちヘイトスピーチ規制問題については、その矢先

に、必ずしも規制立法の制定に同意していない与党による「火消し法案」が国会に提出され、与党主導により極めて限定的な内容のヘイトスピーチ規制法が成立してしまった。これについては、本法の成立を反ヘイト運動の橋頭保とし、さらに運動を進めることにより、ヘイトスピーチに対してより厳しい内容の法制への改正を目指していくべきだとの主張もあるが、結果として本法は、ヘイトスピーチの対象範囲が狭く、罰則のない理念法であるとして、不十分な立法と評価されている。

　ひるがえって、手話言語法についてはどうか。これからもし本格的な立法プロセスに入るならば、言語的多数派、すなわち日本語への集中を是とし、国内の多言語化を必ずしも歓迎している訳ではない政府与党による「火消し法案」に警戒すべきであろう。もっとも、日本手話と日本語対応手話の区別が曖昧である本法案そのものが、「火消し」の要素をすでにはらんでしまっている。立法実現への熱意がそのような譲歩的態度を生み出しているのかもしれないが、民間素案レベルでの譲歩と、法案の策定に法的・政治的責任を負う国会議員や政府自身による「火消し」では、まったく意味が異なってくる。後者であれば、ヘイトスピーチ規正法のように、法案成立後の改善を目指す運動というカードが民間側に残されるが、前者、すなわち現在の法案の態度では、かりに法案が成立したとしても、その後の改善、とりわけ手話言語という用語の意味の見直しのような、法律の本質部分にせまる変更は困難になるだろう。

　最後に、国際法上の人権保障概念として生み出された言語権概念の、国内法への受容という点からみても、筆者は手話言語法の制定という立法戦略には賛成できない。なぜなら、日本国

内に複数存在する少数言語問題を解決するためには、個々の少数言語に対象を絞った言語権保障法案を、いわば五月雨式に提起するのではなく、いずれの少数言語（継承語も含む）問題にも対応しうる、言語権基本法をまず策定すべきと考えるからである。

　日本語単言語主義による言語観や、言語そのものへの誤解や偏見、言語による差別意識等を改善し、国内諸少数言語への多数派の理解を得るためには、多文化多言語社会を受容する言語観教育が必要であり、その帰結は、個々の少数言語の事例を越えて、保障されるべき言語権の共通要素を網羅し、国および自治体に言語観教育の転換を求める包括的な立法になるはずである。そして包括的な言語権基本法を実現するためには、言語的少数派の連帯が必要となる。連帯するためには、相互に自言語以外の他の言語的少数者への理解と偏見の除去が必要となる。そしてそれこそが、人権としての言語権の本質を理解できる言語観を形成する原動力になるのではないだろうか。

　もし手話言語法が成立し、（不十分ながら）手話に関する言語権が立法化されたとしたら、それは残念ながら二つの側面で、人権の保障ではなく特権の容認にならざるをえない。一つは、日本語対応手話話者の日本手話話者に対する特権であり、もう一つは手話話者の他の言語的少数者に対する特権である。

8. おわりに

　手話に関する言語権保障について語られるとき、「障害者権利条約」（2006年、日本批准2014年）が重要な文書として頻

繁に参照されてきたが、その前文（d）では、想起されるべき条約として、移民の子どもの母語による教育を受ける権利や移住地言語を学ぶ権利等について定めた「すべての移住労働者およびその家族の権利の保護に関する国際条約」（1990年）が引用されている。さらにこの条約の前文では、再確認すべき条約として、民族的少数派の子どもの母語による教育を受ける権利などについて定めた「教育における差別を禁止する条約」（1960年）が引用されている。しかし、「障害者権利条約」のいわば前提を形成するこれらの条約に、日本は未加入であることはあまり指摘されていないようである。

　手話言語法制定運動は、このままでは日本国内の他の言語的少数派の言語権を度外視してしまう環境を作り出してしまい、結果としてかなりびつな形で国際法上の言語権を国内法制化してしまうことになるだろう。手話言語法の制定運動を推進してきた人々の尽力には敬意を表明するが、本来の意味での言語権の国内法制化への道を切り拓く立場にあることを自覚し、いま一度慎重に法案に内在する諸課題を検討してもらいたい。

参考文献

金澤貴之（2014）「手話関連条例が果たす役割に関する考察—上程プロセスへの当事者関与のあり方」『手話学研究』第23巻 pp.31–42. 日本手話学会.

木村護朗クリストフ（2015）「障害学的言語権論の展望と課題」『社会言語学』15号 pp.1–18.「社会言語学」刊行会.

小嶋勇監修・全国ろう児をもつ親の会編（2004）『ろう教育と言語権

ろう児の人権救済申立の全容』明石書店.
田門浩（2015）「手話⑧日本における手話言語法制定運動」『ことばと社会』第 17 号 pp.224–232. 三元社.
日本語教育政策マスタープラン研究会（2010）『日本語教育でつくる社会　私たちの見取り図』ココ出版.
日本語教育保障法研究会（2009）『日本語教育保障法案』日本語教育保障法研究会.
本名信行（2015）「手話という言語―手話言語法をめぐって」手話・言語・コミュニケーション 2 号 pp.4–33. 文理閣.
全日本ろうあ連盟（2012）「手話言語法を制定することの意見書」
　　http://www.jfd.or.jp/info/misc/sgh/20120409-sgh-ikensho.pdf
総務省「法令データ提供システム」
　　http://law.e-gov.go.jp/cgi-bin/idxsearch.cgi

第4章
日本手話言語条例を実現させて

戸田康之

1.「朝霞市日本手話言語条例」の施行

　平成27年9月24日、埼玉県朝霞市議会において、「朝霞市日本手話言語条例」が全会一致で可決された。手話言語条例に関する条例として、全国で20番目、埼玉県内では初の条例であった。そして、言語としての手話を「日本手話」と明示したことは条例として画期的であり、日本の条例で「日本手話」と

明記された事例としても初めてのことである。平成28年4月1日より、「朝霞市日本手話言語条例」が施行された。これ以降、4月8日現在、全国47の自治体で手話言語条例が成立しているが、「日本手話」と明記している条例は、残念ながら朝霞市の条例のみとなっている。

　この「朝霞市日本手話言語条例」は、私たち聴覚障害の当事者だけではなく、サークルなどの手話関係者、手話通訳者、市役所の行政関係者、議員関係者、言語学の専門家など多くの方々のご理解と力添えによって、制定することができた。

　何故、他の自治体の条例と同じように「手話」とだけ記すのではなく、手話言語の名称として「日本手話」を定義し、「日本手話」と明記した条例を制定できたのか。その理由について次節で述べていきたい。

2. 手話通訳を「日本手話」で

　現在、多くの自治体で手話通訳者の養成・派遣事業が行われ、ろう者は医療や教育など生活の中で手話通訳者派遣事業を利用して、相手とのコミュニケーションを図り、情報を得ている。私自身も生活の中で、この派遣事業を多く利用している。そして、朝霞市聴覚障害者協会会長として、朝霞市の手話通訳者等派遣事業をより良くするために、サークルや通訳者、市の行政担当者と連携した取り組みを行っている。

　「手話」といっても、コミュニケーション手段としてのいろいろな「手話」の形が存在する。例えば、大人になって聴力を失った中途失聴者は、既に日本語を獲得しているので、音声日

本語を話しながら日本語の単語に一対一対応させて表現する「日本語対応手話（「手指日本語」ともいう）」を使用する。先天性のろう者や幼い時に聴力を失ったろう者は、手話言語としての「日本手話」を獲得しているので、「日本手話」を使用する。しかし、上記の状況は絶対的なものではなく、ろう者、中途失聴者、難聴者、それぞれの中には、「日本語対応手話」を使用する人もいれば、「日本手話」を使用する人もいる。

　手話通訳者は、相手の使うコミュニケーション手段、言語に合わせて、通訳をする必要がある。例えば、相手が「日本手話」を使うならば、「日本手話」で通訳をし、相手が「日本語対応手話」を使うならば、「日本語対応手話」で通訳をし、もしくは手話が全く分からないならば、文字で通訳したり、口形を分かりやすく表現して通訳したりすることも必要である。

　しかし、手話通訳者が「日本手話」を習得していない場合、利用者が通訳者の手話を理解することができずに内容がずれて伝わったり、利用者が表現する日本手話を通訳者が理解できずに、間違った手話通訳が行われたまま相手に伝わってしまったりするという問題が起きる。命に関わる医療現場では大きな問題を引き起こす可能性がある。「日本語対応手話」は出来るが、「日本手話」は出来ない手話通訳者では、言語として「日本手話」を使う者にとっては不十分、不都合なのである。

　このような問題を解決するため、また、朝霞市内に住む「日本手話」を使うろう者の生活を守るために、手話言語条例では手話とは「日本手話」であると定義し、明記することにこだわった。条例で言う手話は「日本手話」であると定義することで、手話通訳者は「日本手話」を習得することが必須となる。

また、手話通訳者の養成につながる手話講習会で教える手話とは、必然的に「日本手話」となる。手話通訳者は聴者であるため、既に日本語を獲得している。「日本手話」を習得しても、手話通訳の相手方の一方が「日本語対応手話」を使用する者ならば、日本語に合わせて手話語彙を表現することで対応することが可能である。そして、相手が「日本手話」を使用する者ならば、「日本手話」の文法に則って通訳する。手話通訳者は最低でも「日本手話」を習得してもらいたいという思いで、条例に「日本手話」を明記することにこだわった。

3. 手話言語として「日本手話」を獲得するろうの子どもたち

　私は、埼玉県のろう学校教員として勤務している。ろう学校には幼稚部から高等部まであるが、私は幼稚部に所属している。ろう学校幼稚部は一般の幼稚園と同じように、3歳から5歳のろうの子どもたちが在籍し、外で走り回ったり、いろいろな素材で絵画や立体作品などを制作したりと毎日楽しく過ごしている。

　日本のろう学校の教育では、長年手話による教育が禁止され、補聴器などで聴力を補って音声を聞き取り、発音訓練で音声を話すことを目指す指導法である聴覚口話法が用いられてきた。現在は、手話を禁止しているろう学校は少なくなっているが、幼稚部・小学部では手話による指導は認めず、中学部から手話での指導を行うなど（学部によっては手話による指導を認めない）の学校もある。

しかし、手話が認められているといっても、ほとんどが音声発語を併用することを要請される「手話つきスピーチ」である。教員は、必ず音声をつけながら手話を表わし、子どもたちが発言する時は必ず音声をつけなければならない。音声をつけずに手話で表わすと、「声がない」と音声を出すことを強要される。それが多くのろう学校の現実である。ろうの子どもたちが自然と獲得する「日本手話」を使用することが認められていない。いわば、ろうの子どもたちの「日本手話」という言語権が認められていない状況である。また、ろう教員自身も音声を必ずつけることを管理職や同僚の教員などから言われ、自分の言語である「日本手話」で、授業を行うことが出来ないという現実もある。

　私が勤務するろう学校では、学校全体で手話言語は「日本手話」であるという共通理解があり、ろう教員は「日本手話」で授業を行うことも認められ、幼稚部では子どもたちが自然と「日本手話」を獲得している。「日本手話」を言語として尊重し、音声を出させることを強要しない。子どもたちの多くは聴者の親や家族の中で育っているが、幼稚部での集団生活の中で「日本手話」を獲得している。そして、「日本手話」を共通言語として、子ども同士で会話のやりとりが行われ、遊びが展開されている。「日本手話」の文法の中に眉の上げ下げや頷きがあるが、そうした日本手話の文法を教わることがなくても、自然にきちんと区別して使い分け、見事に使いこなしていることが、ビデオ分析を通しても確認できている。

　残念ながら、朝霞市には市立のろう学校はないため、朝霞市の手話言語条例に「日本手話」を明記しても、ろう学校の教育

には何も影響力はない。しかし、手話とは「日本手話」だということを定義した条例を作ることによって、全国のろう学校教育関係者に「日本手話」を理解してもらうきっかけになるのではないか。その意味で地方自治体の法律である条例に「日本手話」を明記することの意義はとても大きい。そして、今後、この朝霞市の条例の事例が、「日本手話」を明記する条例を考えている自治体の後押しをすることとなり、その自治体が運営するろう学校の教育で「日本手話」を認めてもらうことにつながるのではないかと期待している。ろうの子どもたちの教育に関わる者として、子どもたちが自然と獲得する「日本手話」の言語を守りたいという強い思いから、条例に「日本手話」を明記させたかったというのが、本市において「日本手話」と明記した条例を実現させた理由である。

4.「朝霞市日本手話言語条例」制定までの過程

　朝霞市日本手話言語条例の制定のきっかけとなったのは、全日本ろうあ連盟が音頭を取って、全国的に運動を展開した「手話言語法制定を求める意見書」採択である。意見書は、全国1788自治体全てが採択する成果を成し遂げた。朝霞市では、平成26年6月に市議会での意見書採択をきっかけに、朝霞市議会議長を中心とする議員団が、私が勤務するろう学校へ視察に来校し、埼玉県聴覚障害者協会主催の手話言語条例に関する勉強会にも出席してくれた。これにより、本市議員団に、手話言語条例の必要性を理解してもらうことができた。平成27年3月の市議会において、「手話言語条例」制定への一般質問が

行われ、市長から「なるべく早い段階で、手話言語条例を制定出来るように準備を進めていく」との答弁があり、実現に向けて大きく弾みがついた。

　3月下旬に市の障害者施策を担当している障害福祉課から、平成28年度4月施行に向けて平成27年9月議会に条例案を提出したいという説明を受けた。条例案を作成する期間が実質6ヶ月もない状況であった。その6ヶ月の間に、朝霞市聴覚障害者協会として意見をまとめ、条例案を作成し、手話サークルや手話通訳者など手話関係者からも理解を得なければならなかった。

　4月に市内の朝霞市聴覚障害者協会の会員や会員外の当事者、ろうの子どもを持つ保護者、手話サークルや手話通訳者などの手話関係者、市の担当者、議員などが参加し、講師に埼玉県聴覚障害者協会理事長を招いて、「手話言語条例勉強会」を行った。

　講演後の質疑応答の際に、「手話には「日本手話」や「日本語対応手話」など、様々な手話があるといわれているが、手話言語とは「日本手話」なのか？ それとも「日本語対応手話」なのか？」と参加者から質問が出された。この過程で、条例で言う手話言語とは「日本手話」であるということを、はっきりと確認した。

　勉強会の後、当事者が残って集まり、条例に求める内容や要望などを話し合って、整理して条例案を作成した。要望内容を整理すると、「手話言語に関すること」と、要約筆記なども含めて「情報保障に関すること」の二つの内容に大きく分かれ、それぞれ「朝霞市手話言語条例案」と「朝霞市情報コミュニ

ケーション条例案」の二つの条例案を作成した。

　市の障害福祉課、社会福祉協議会、朝霞市聴覚障害者協会、手話サークル、通訳者の代表が集まって協議する臨時の会議を開き、それぞれ作成した条例案を持ち寄って協議した。今回は手話をテーマに絞り、手話言語条例案を議会に提出することを目標とし、情報保障に関する条例と合わせ、2案を出すことまでは難しいということで、「朝霞市情報コミュニケーション条例案」は取り下げ、「朝霞市手話言語条例案」のみを協議した。手話言語としては「日本手話」を定義、明記することを主張した朝霞市聴覚障害者協会が作成した条例案を基本にして修正、加筆しながら条例案をまとめた。（言語（日本語や日本手話）や方法（手話通訳や要約筆記など）を利用者が主体的かつ自由に選択し、聴者と対等に情報を得ることが出来る環境を整えることを目指す「朝霞市情報コミュニケーション条例案」については、将来的に成立させることが課題となった。）

　障害福祉課主催で、市内に住む聴覚障害者対象に「（仮）朝霞市手話言語条例の制定に向けた懇談会」を3回開催し、様々な意見や要望を聞き取った。そして、6月に条例のパブリックコメントを1ヶ月間募集することとなった。パブリックコメントを募集する際に、掲載した「（仮）朝霞市手話言語条例（案）」の概要は、手話言語として「日本手話」と定義する趣旨の内容であった。市内の当事者だけではなく、研究者などの有識者にコメントのお願いを、知人を通して呼びかけてもらい、コメントを出してもらうことが出来た。パブリックコメントの内容は、朝霞市のホームページで確認することが出来る。全てのコメントが、手話言語として「日本手話」と定義すること、

明記することに賛同する内容であった。

　条例案の内容が固まりつつあった7月に、9月議会での条例制定までの流れや日程について市の福祉部長、障害福祉課長、議会事務局担当者との打ち合わせの場で、福祉部長から条例名を「朝霞市日本手話言語条例」とし、条文中の手話という表記も全て「日本手話」とするとの説明を受けた。当初の条例案では、条文の中で手話という定義において「日本手話」と記していただけであったが、条例名や条文の手話の表記を全て「日本手話」と表記するということだった。市の担当者が手話言語としての「日本手話」について一生懸命勉強して理解を深め、「誰のための条例なのか」「朝霞市が目指す姿は」と考えた結果として、「朝霞市日本手話言語条例」にたどりついたのである。

　平成27年9月24日朝霞市議会本会議最終日に、全会一致で「朝霞市日本手話言語条例」が可決された。ここに、「日本手話」を明記した初の手話言語条例が誕生した。

5.「朝霞市日本手話言語条例」が制定されて

　「朝霞市日本手話言語条例」が可決された9月24日の夜、NHKの「手話ニュース845」の番組の中で、「日本手話」を明記した条例が可決されたとニュースとして取り上げられた。ニュースを見て知った全国のろう学校に勤務するろう教職員の仲間から、「よくぞやってくれた！」と喜びや感嘆のメールが多数届いた。ろう教職員の仲間たちは、自分が勤務するろう学校内で、手話といえば「手話つきスピーチ」のことであり、「日本手話」を使用することが認められない、自分と児童生徒

との会話のやりとりに「日本手話」を使いたくても認められないという現実に苦しみながら勤務している状況がある。「日本手話」を明記した条例が実現したことが、自分自身が勤務するろう学校の今の状況を変えていく一筋の光に思えたのであろう。
　『「手話」は一つ。「日本手話」も「日本語対応手話」も同じ手話である。』という全日本ろうあ連盟の主張がある。組織的な戦略、運動的な側面からみれば、そういう主張も必要であるかもしれない。しかし、言語獲得に関わるろう教育の現場では、このような曖昧な主張は、子どもの言語獲得に大きな影を落とすことになる。日々の学校生活で、目の前のろうの子どもたちと接している、ろう教職員自身がそのことを身に染みて実感している。
　平成28年4月から「朝霞市日本手話言語条例」が施行され、実際にいくつか改善されたことがある。一つは、社会福祉協議会に委託して実施している手話通訳者等派遣事業の専任手話通訳者2名の内、これまで1名が正職員、1名が臨時職員であったが、その臨時職員が4月から正職員となった。また、市議会の傍聴や、市内保育園や学校などの公立施設で行われる卒園式や入学式、卒業式といった大きな行事のほか、個人面談などの際に、これまでは利用者本人が派遣依頼をしてきたが、条例制定をきっかけに主催者側が責任をもって派遣依頼をするよう改善された。名前だけの条例ではなく、実のある条例となるよう、今後も行政と共に、少しずつ、ろう者にとってよりよい地域づくりを目指していきたい。

第5章
ろう教育における手話のあるべき姿

森田明・佐々木倫子

1. はじめに ― 手話言語法とろう教育

　本章では、ろう教育における手話のあるべき姿を、まず、手話言語法の法制化の動きの中で考える。なお、本章では「日常的な聴きとりが成り立たないような聴覚障害を持つ子ども」をすべて「ろう児」と呼び、彼らを対象とする教育を「ろう教育」とする。人工内耳や補聴器の装着は関係ない。

2016年5月現在、全日本ろうあ連盟は手話言語法制定へ精力的に動きを進めている。手話言語の獲得、手話言語の習得、手話言語での習得、手話言語の使用、手話言語の普及・保存を求めるもので、いずれもろう教育と密接なつながりがある。「手話言語の獲得」は、ろう児が第一言語としての手話を獲得することを意味し、「手話言語の習得」は、ろう学校教員、ろう児の家族、中途失聴の生徒たちは無論のこと、すべての生徒の、第二言語としての手話の学習・習得を意味し得る。「手話言語での習得」は、教育場面で教科が手話で教えられ、生徒の社会化が手話によって行われることと考えられる。「手話言語の使用」は、あらゆる教育・学習場面での手話でのコミュニケーションを意味し、「手話言語の普及・保存」は、ろう学校における手話の劣化もささやかれる昨今、ネイティブ・サイナーを巻き込んだ教育場面での手話の普及と保存の動きと解釈できよう。

　さらに、全日本ろうあ連盟による「手話言語法を制定することの意見書」には、以下が明記され、ろう児の第一言語としての、思考を支えるような手話の獲得が示唆されている。

　　ろう教育を必要とするろう児にとって、手話は、人間関係や知識を深める上でも重要な役割を果たす言語です。「手話を獲得する」権利、「手話で学ぶ」権利は保障されなくてはなりません。そのため、教育の分野でも手話を用いることを定めた手話言語法が必要とされています。

2. 手話言語条例における学校教育と手話

　このような手話言語法の制定に向けて、2016年3月には日本国内の全市町村で手話言語条例意見書が成立し、2016年5月現在、6県で手話言語条例が成立している。そこで、成立した手話言語条例で学校教育に関係する領域での手話の位置づけがどうなっているのか、そして、どのような実践が進行中なのかを見る。まず、全日本ろうあ連盟の県レベルの手話言語モデル条例の「『学校における手話の普及』について」を下記にあげ、次に各県の条例を検討する。

第12条　聴覚障害者である幼児、児童又は生徒（以下「ろう児等」という）が通学する学校の設置者は、手話を学び、かつ、手話で学ぶことができるよう、教職員の手話の習得及び習得した手話に関する技術の向上のために必要な措置を講ずるものとする。

2　ろう児等が通学する学校の設置者は、この条例の目的及び手話の意義に対する理解を深めるため、ろう児等及びその保護者に対する学習の機会の提供並びに教育に関する相談及び支援等に関する措置を講ずるものとする。

3　県は、この条例の目的及び手話の意義に対する理解を深めるため、学校教育で利用できる手引書の作成その他の措置を講ずるものとする。

(1) 鳥取県（2013年10月制定）

　県レベルの手話言語条例をけん引した鳥取県の「学校における手話の普及」は、モデル条例に類似しているが、以下の点が異なっている。

　　第12条 「教職員の手話の習得及び習得した手話に関する技術」⇒「手話の習得及び習得した」を削除
　　2 「支援等に関する措置を講ずる」⇒「支援に努める」
　　3 「この条例の目的及び手話の意義」⇒「基本理念及び手話」
　　「講ずるものとする」⇒「講ずるよう努めるものとする」

「基本理念の理解」を加え、「講ずる」を「努める」にし、主張が弱まった点は否めない。では、その実践はどうか。鳥取県の学校レベルの実践で現在もっとも広く知られているのが「手話パフォーマンス甲子園」だろう。「条例の理念に基づき」全国の高校生が手話を使って様々なパフォーマンスを繰り広げ、表現力を競う催しが、2014年より開催されている。その様子はYouTubeで見ることができるが、2016年5月現在、聴者の日本語対応手話である。日本手話の使用者は司会者のみにとどまり、声、音楽、拍手が聞こえなければ、この催しを体感することは出来ない。ろう者には内容がわかりにくいままという従来も各所で見られた図式が再現されている。基本理念の理解が進む実践とは言い難い。

(2) 神奈川県（2014年12月制定）

　神奈川県の言語条例にろう教育に関する規定はない。ただし、実践はあり、神奈川県で特記すべきは、教育委員会がまとめた『平成27年度県立高等学校・県立中等教育学校における手話に関する取組事例集』だろう。「ろう者とろう者以外の者が、お互いの人権を尊重して意思疎通を行いながら共生することのできる地域社会を実現」する目標のもと、全ての生徒や教職員が手話に興味・関心を持ち、手話に対する理解を深める多様な実践が簡単に紹介されている。年1回1時間のものから通年授業まであり、全年次対象もあれば選択者対象授業、部活動も、行事もある。しかし、いずれも生徒たちが知ることができるのは、手話の入口でしかない。中にはろう者の参加も見られるが、成人が講師として参加する形に留まる。神奈川県には中学部も高等部も備えた神奈川県立平塚ろう学校があるが、ここには含まれていない。市立の川崎市立聾学校も横須賀市立ろう学校も横浜市立ろう特別支援学校もすべて中学部と高等部を備えているが、この取組には含まれていないのである。

(3) 群馬県（2015年3月制定）

　第12条の「学校における手話の普及」の前文で、「昭和8年にはろう学校での手話の使用が事実上禁止されるに至った」ことに触れている。モデル条例文との差異は以下の通りである。

　　第12条 「手話を学び、かつ、手話で学ぶ」→「手話を獲得し、手話で各教科・領域を学び、かつ手話を学ぶ」「乳幼児期からの手話の教育環境を整備し、」を挿入。

「講ずるものとする」⇒「講ずるよう努めるものとする」
  2　「この条例の目的及び手話の意義に対する理解」⇒「この条例の目的及び基本理念に対する理解」
　　「学習の機会」⇒「手話に関する学習の機会」
　　「支援等に関する措置を講ずる」⇒「支援に努める」
  3　「手引書の作成」の項⇒「ろう児等が通学する学校の設置者は、前二項に掲げる事項を推進するため、手話に通じたろう者を含む教員の確保及び教員の専門性の向上に関する研修等に努めるものとする。」

　モデル条例から一歩踏み込んだ内容となっている。「乳幼児期からの手話の教育環境を整備」する点、さらに「手引書の作成」のかわりに、「手話に通じたろう者を含む教員の確保」とされている。ただし、条例の条文上は進んでいるが、その実践はインターネット上で見る限り、まだ普及啓発の段階にあると思われる。

(4)　長野県（2016年3月制定）

　前文でろう学校での手話軽視の歴史に言及した上で、第8条「ろう者が通う学校の設置者の役割」では以下のように述べている。

> 　ろう者が通う学校の設置者は、基本理念にのっとり、ろう者が手話を学び、かつ、手話で学ぶことができるよう、教職員の手話に関する技術を向上させるために必要な措置を講ずるよう努めるものとする。

> 2　ろう者が通う学校の設置者は、基本理念にのっとり、基本理念及び手話に対する理解を深めるため、通学するろう者及びその保護者に対する学習の機会の提供並びに教育に関する相談及び支援に努めるものとする。

さらに、第13条「学校における理解の増進」で、「県は、学校教育において、基本理念及び手話に対する理解を深めるため、資料の作成その他の措置を講ずるよう努めるものとする。」と述べている。全体を通して、「基本理念」が強調されているが、その「基本理念」は第3条で、「手話が独自の体系を持つ言語であり、ろう者が受け継いできた文化的所産である」とされている。明らかにここでの「手話」は「日本手話」を指していると考えられるが、実践は今後にかかっている。

(5)　埼玉県（2016年3月制定）

　第11条「学校における手話の普及等」において、5点にわたる言及がある。モデル言語条例との異なりは以下の通りである。

　　「講ずるものとする」→「講ずるよう努めるものとする」
2　「基本理念」の追加
3　「ろう児等が通学する学校の設置者は、前2項に規定する事項を推進するため、手話の技能を有する教員（ろう者の教員を含む。）の確保及び教員の専門性の向上に関する研修等に努めるものとする。」の追加
4　「県は、学校において、ろう児等とろう児等以外の児

童及び生徒との交流の機会を充実させることにより、その相互理解の促進及び手話の普及に努めるものとする。」を追加
5 「県は、学校において、基本理念及び手話に対する理解を深めるため、手話に関する啓発その他の必要な措置を講ずるよう努めるものとする。」を追加

　項目4で、「ろう児等とろう児等以外の児童生徒との交流の機会」の充実が明記されている点に注目したい。ただし、単なる挨拶レベルにとどまらない、実のある相互理解を生み出すような手話能力をどう育成していくのかなどの具体策は今後に待たれる。

(6) 沖縄県（2016年3月制定）

　前文において、昭和39年から40年にかけての沖縄全域での風しんの流行で「339名の聴覚障害児の出生が明らかになった」との記述がある点が独自の歴史を物語っている。第3条の「県の責務」において、「学校教育における手話の普及のための取組への支援に努めるものとする。」という記述があり、第6条「学校における取組」では、モデル条例文にほぼ沿った文言が並ぶ。

　　「講ずるものとする」⇒「講ずるよう努めるものとする」
　　「ろう児等及びその保護者」⇒「指導する教員の手話力の向上と、通学生および保護者」

以上、6県における条例と教育との関わりを見た。実践の状況とあわせて見ると、条例をもってしても変えられない現実が見えてくる。「手話言語の獲得」については、教育現場の実践とはほぼ結びつけられていない。ろう学校における、ろう児の保護者に対する乳児相談、および、幼稚部の活動は重要である。家庭での手話環境の整備への指導もろう学校の重要な仕事であるが、条例でも実践報告でも具体的記述がない。「手話言語の習得」は、ろう学校教員と一般生徒に関する言及に留まる。それも入門期の日本語対応手話である。「手話言語での習得」も「手話言語の使用」も、ろう生徒に対する年齢相応の日本手話能力の発達保障についての明記は見られない。「手話言語の普及・保存」も同様で、一般の聴の中高生に対する入門的な手話の普及はあるが、ろう中高生の思考を支えるような日本手話の普及・保存に言及するものはない。手話は教育の場に値する言語だとみなされていないのだろうか。

3. ろう教育の中の手話

(1)　なぜ日本手話なのか

　1990年代以後、ろう学校の現場には「手話」が入ってきたが、日本語を話しながら、補助的に手指単語をつける形が多い。日本語対応手話である。筆者自身公立ろう学校の授業で目撃したが、聴者の教員による日本語対応手話がわからないと、生徒達はお互いに日本手話で教師の話の意味を検討し始める。さらに、その日本手話が教員には読み取れないので、討議を終えた生徒は教員に対して日本語対応手話で答える。なぜ生徒たちは

一貫して日本語対応手話を使用することをせずに、日本手話に切り替えてやりとりをするのだろうか。ろう生徒たちは聴生徒同様、教師や級友とのやりとりの中で疑問点を解き、内容を自身と結び付けて、知識を自分のものとしていく。そこには内容に集中できる言語が必要であり、それが日本手話なのである。ウィルバー（2015）によれば、同等の情報を持った自然手話文と音声言語との持続時間はほぼ同じだが、対応手話では少なくとも50％長くなるという。一語当たりの表出時間で、手指の表出では音声による表出よりも時間がかかる。にもかかわらず、対応手話では、線状的な言語である音声言語と同じ語順を保とうとする。音声言語も自然手話も各々二つ以上の形態素を同時に効果的に伝達できるが、対応手話ではそれが出来ない。重層性に欠けるため、効果的な伝達ができず、もどかしくなってしまう。といって、聞こえにくい耳で音声をひろうのももどかしく、筆談も時間がかかる。そこで、ろう生徒は、やりとりに関しては自然手話と対応手話という二つの言語の間で、翻訳作業を頭の中でこなしながら、授業を受けることになる。

　今後の人工内耳の普及を考えると、Knoorsほか（2012）が示すヨーロッパの例のように、ネイティブ・サイナーが得られない環境では、音声つき日本語対応手話がベストな選択になるとも思えてくる。だが、答えは人工内耳装着児を含む、ろう児たちの様子を見れば明白である。ろう児が複数集まれば、そこでは手話による真のやりとりが往々にして始まる。ろう児たちに必要なのは、内容に集中できる、思考に合ったスピードで、互いの意思伝達ができる言語である。しかし、ただ生徒同士で使っているだけでは、それは日常会話レベルに留まってしまう。

そこには音声日本語会話をこなす聴児にとっての国語科同様の、日本手話を育てる授業が必要である。

(2) 日本手話を育てる授業の出発点

日本手話をどう学習言語として育てていくか。日本手話を授業言語とする私立明晴学園の誕生時、ろう教育における日本手話の状況は、「ないないづくし」だった。
- 日本手話の研究が少ない―日本手話の研究は歴史が浅い、
- 習得過程がわからない―ろう児の日本手話の習得研究がほとんどない、
- カリキュラムがない―、教育実践モデルが開発されておらず、教授項目の確定すら困難
- 教授法がない―聴者への「国語科」の教授法は応用に限界がある、
- 教員がいない―日本手話を第一言語とする教員免許取得者がきわめて少ない、
- 生徒がいない―障害が聴力だけの場合、人工内耳等で聴力を補い、地域の普通校に進む流れが強い、

このような中での、「日本手話を国語と同等の授業言語とする」教育の出発であった。

(3) 「手話」科編成にあたって

2008年の創立時に、明晴学園は通常の「社会、算数、理科」などに加えて、(「国語＋音楽＋自立活動」に代わる)「手話」と (「国語＋自立活動」に代わる)「日本語」の2教科を編成した。(明晴学園：2014) その理由は以下の通りである。

- ろう児にとっての自然言語は日本手話である
- 手話環境で育てた児童は小学校入学段階では聴児とほぼ変わらない言語能力を持つ。
- 従来の教科『国語』における音声による「話すこと・聞くこと」の指導は、ろう児にとっては十分な指導内容の入力にならない。

以上の実態を踏まえたうえで、手話科では以下を重点的に進めることとした。
(1) 言語概念の形成と思考力の育成、
(2) 指導内容の精選、
(3) 視覚教材の活用

「目標」は、「第一言語としての日本手話を適切に表現し正確に理解する能力を育成し、伝え合う力を高めるとともに、思考力や想像力及び言語感覚を養い、手話に対する関心や手話を尊重する態度を育てること」である。さらに、「領域構成」には、「理解」「表現」「文法」「物語・文学」がある。以下は授業例である。

(4) 中学部1年授業例 「RS(レファレンシャル・シフト／役割明示指標)とNM(非手指標識)」

①レファレンシャル・シフト(以下、「RS」)の教材について

　RSは、日本手話において、日常的に用いられる表現の一つであり、RS表現なしで、高度な発信は不可能である。だれの、どこの、いつのことなのかなどを短く明瞭に表現するために使用する。RSは日常会話(生活言語)でよく使われるが、無意識に表現しているため、RSのみを取り上げる機会は少ない。

そこで本単元では、生徒がRSの知識を得て、より深い内容をやり取りできるようにする。例えば、文学的な手話語りを見て、語りの中のRSを話し合う。また、自分の語りを表現するときも何人もの話し手の役割を担うことで、まとまった明瞭なスピーチができ、議論や講演などで有効に使うことができる。

②非手指標識（以下、「NM」）の教材について

NMも同様に日本手話に重要な要素である。どの文の表現にもNMは含まれている。手話サークルなどで手話学習者からろう者に対して「ろう者の表情はとても豊か」と言われることがあるが、表情には手話の文法上重要な役割がある。Yes/No疑問文、WH疑問文、所有格、仮定文、接続詞などをNMで表現することができるのである。日本手話の母語話者であれば幼いときから自然に身についている。本単元では、NMの技術を学ぶのではなく、「豊かな表情」がNMであることを学ぶ。NMの知識により、きめ細かく品詞を整理でき、他の教科もより深く学習できる。

③指導・評価計画（全13時間）

次	時間	学習活動	教材
1	1	1. RSを知ろう。 ・引用型シフトと行動型シフトの違いを知る。	RS資料（PPT）
	2	・引用型シフトの表現をする。 ・行動型シフトの表現をする。	『みさおとふくまる』（リトル・モア）伊原美代子、写真、イラスト

	3	2. RSを表現して理解を深めよう。 ・引用型シフトと行動型シフトを取り入れた内容を考えて表現する。	ろう教員のスピーチ動画、『みさおとふくまる』、写真、配役カード、手話ラベル表、ワークシート
2	4	3. NMを知ろう。 4. NMを表現して理解を深めよう ・【目・眉の表現】副詞（感情表現と程度の変化）	NMの資料（PPT） NMカード（副詞、写真、イラスト）
	5	・【首ふり】【口形】Yes/Noの疑問文、Can/Can notの疑問文、WH疑問文	NMカード（疑問文）、写真、イラスト
	6・7	・【うなずき①】所有格、同格、並立助詞	NMカード（所有格、同格、並立助詞）、写真、イラスト
	8・9	・【うなずき②】接続詞、逆接	NMカード（接続詞、逆接）、 写真、イラスト
3	10	5. RSとNMの応用 ・動画を見て、RSを読みとり、整理する	ろう教員スピーチ動画（RSとNMを取り入れた内容）
	11	・動画を見て、NMを読みとり、整理する。	
	12・13	・RSとNMを取り入れた例文を考え、スピーチを作成する。	ワークシート

　他にも、手話独自の口形である「マウスジェスチャー」を中心とした授業、表情や頷きなどのNMを中心とした授業もある。このように、手話の表現技術が上達することで、自分の意

見や考え方をより深く発信でき、難しい内容も理解できる。そして、それは他の教科の深い議論につながる。上記のような授業を明晴学園では自分たちで考えて指導内容を用意し、進めてきた。

4. 今後に向けて

　現在手話言語条例が次々と制定されているため、今後全国のろう学校に「手話科」が新設される可能性がある。手話科の導入は非常に重要であり、導入することでろう児の言語発達に寄与し、高いレベルでの学習活動も可能になる。しかし、手話科で導入する「手話」を「日本手話」と明記しなければ、日本語対応手話や混成手話が取り上げられる恐れがある。本章の実践例のような日本手話の文法の認識と洗練がなければ、生徒自身の手話と学校の「手話科」との間にズレが生じ、導入された「手話科」が逆に重大な問題を生じさせることになる。「手話を言語だと言うのなら」無責任に法制化を先行させることなく、ろう児の教育改善に貢献する着実な形での成立をはかるべきだろう。

参考文献

ウィルバー　ロニー・B（2015）「第24章 言語のモダリティと構造」『デフ・スタディーズ　ろう者の研究・言語・教育』pp.595–621 明石書店.（Ronnie B. Wilbur（2011）"Modality and the Structure of Language: Sign Languages Versus Signed Systems" *The Oxford Handbook of Deaf Studies, Language, and Education*, Volume 1, Second Edition.）

学校法人 明晴学園（編著）（2014）『明晴学園の教育課程』学校法人 明晴学園.

全日本ろうあ連盟「手話言語法を制定することの意見書」

（https://www.jfd.or.jp/info/misc/sgh/20120409-sgh-ikensho.pdf）

Knoors, H. & Marschark, M.（2012）"Language Planning for the 21st Century: Revisiting Bilingual Language Policy for Deaf Children", *Journal of Deaf Studies and Deaf Education.*

（http://jdsde.oxfordjournals.org）

参考サイト（2016年5月20日検索）

沖縄県手話言語条例
　　https://www.jfd.or.jp/info/misc/sgh/map/pdf/j-okinawa-20160328.pdf

神奈川県の手話に関する情報
　　http://www.pref.kanagawa.jp/cnt/f533708/

群馬県手話普及条例
　　http://www.pref.gunma.jp/02/d4200266.html

高校生手話パフォーマンス甲子園
　　https://www.youtube.com/playlist?list=PLO1D9zoG7K-VCsushrarV0n3z3W_DHlox

埼玉県手話言語条例
　　http://www.pref.saitama.lg.jp/kenpou/bn/H28_03/0329_t2785/item/2721/t2785_20160329i2721.pdf

全日本ろうあ連盟 手話言語条例マップ
　　https://www.jfd.or.jp/sgh/joreimap

鳥取県手話言語条例
　　http://www.pref.tottori.lg.jp/secure/845432/syuwa.pdf

長野県手話言語条例について
　　http://www.pref.nagano.lg.jp/shogai-shien/shuwajorei/kanren.html

第 6 章
手話言語条例が制定された県の取り組み

秋山なみ

1. はじめに

　本論では、まず、全国に先駆けて都道府県レベルで手話言語条例が定められた鳥取県、神奈川県、そして群馬県の条文の特徴を確認する。そして、筆者の見聞に基づき、ろう学校で教員が手話を覚え、手話で話し、手話で教えるための行政的な課題を明らかにする。

具体的な現場の事例として、教員採用試験と研修時の情報保障、予算確保とコーディネートの責任の問題、着任者の手話研修機会の保障、手話通訳者の設置に向けた動きをまとめ、最後に、これらの結果に基づいた今後のための提言を行う。
　以下の表1は各県の手話言語条例からろう教育への言及箇所を抜き出したものである。

表1　手話言語条例における聾教育への言及

県名	制定年	ろう教育への言及	ろう教育と関連のある条文
鳥取県	2013年（平成25年）	あり	（学校における手話の普及） 第12条　ろう児が通学する学校の設置者は、手話を学び、かつ、手話で学ぶことができるよう、教職員の手話に関する技術を向上させるために必要な措置を講ずるよう努めるものとする。
神奈川県	2014年（平成26年）	なし	（事業者の役割） 第7条　事業者は、基本理念にのっとり、ろう者に対しサービスを提供するとき、またはろう者を雇用するときは、手話の使用に関して配慮するよう努めるものとする。
群馬県	2015年（平成27年）	あり	（学校における手話の普及） 第12条　聴覚障害のある幼児、児童又は生徒（以下「ろう児等」という。）が通学する学校の設置者は、ろう児等が手話を獲得し、手話で各教科・領域を学び、教職員の手話に関する技術を向上させるために必要な措置を講ずるよう努めるものとする。

さて、3県におけるろう教育への言及がある条文を比較すると、鳥取県と群馬県は第12条で「学校の設置者」が努めるべきことを具体的に盛り込んでいるが、神奈川県の条例にはろう教育に関する条文が見当たらず、強いて言えば第7条が適用可能ではある。神奈川県では、「教育」を公的「サービス」事業のひとつとして、「ろう者の雇用」を「ろう教員の雇用」としてとらえたときに、第7条の理念がどこまで実現されているのかを検証したい。

2. 情報保障を必要とする場面とコーディネート責任の所在

　本節では、筆者の経験に基づき、教員採用試験や採用後の研修時など情報保障を必要とする場面とそのコーディネート責任の所在について詳述する。

(1) 採用試験の場面で

　手話言語条例が制定される8年前である2006年に筆者が神奈川県に採用されたときは、教員採用試験の場面における情報保障（手話通訳）は、主にろう学校の教員が務めていた。また、試験の方法とも関係するのだが、すべてに手話通訳がついたわけではない。一次の筆記試験や、会場で待機しているときには通訳はなく、音声での指示の内容は隣席の受験者に教えてもらうこともあった。二次の実技試験は手話通訳なしで受け、面接試験（音声日本語）では手話通訳者の配置があった。語学教科の場合は何らかの形で情報保障がないと、試験を受けること自

体へのハードルが高くなる。

　なお、教員が手話通訳を務めることについては、その後、数年を経て状況は変わり、教員採用試験での情報保障（手話通訳）は、公的派遣の手話通訳者が配置されるようになった。

(2)　研修の場面で

　教員は採用されてから1年間にわたって、初任者研修を受けることが義務づけられている。校内での研修と校外での研修があり、校内ではほぼ皆が手話を使う、または使おうとする環境にあるのだが、校外では何百人という同期は皆、聞こえる人であり、講義やグループワークでは情報保障なしには参加は難しい。校外研修の初日に公的派遣の手話通訳者が配置されたものの、担当者から「次回以降の手話通訳は（予算がついていないため）ないかもしれない」ことを聞かされた。情報保障の必要性を話し、派遣の要望を伝えたものの、2回目の校外研修ではやはり手話通訳者は配置されず、教育センター職員による要約筆記サポートを受けた。

　「要約筆記」は、大学等で聴覚障害学生の利用頻度が高い「ノートテイク」と同義であるが、耳が聞こえる人なら誰でもできる、というものではない。校外研修では講義形式とグループワークがあり、数時間の講義で私が受けたノートテイクの量はA4の紙に数枚程度だった。講師の使うパワーポイントの資料が配布されたので、それをくり返し読んで研修を受けた。

　グループワークでは10人以下の少人数で協議を重ねるのだが、他のメンバーがゆっくり話したり、筆者が筆記で発言したりすると時間がかかり、他のグループに比べて協議が十分にで

きなかった。時間が足りず、私は明らかに「迷惑」な存在になっていたので、指名された時以外は発言しないようにした。「これでは参加するのは大変」であることを担当者に伝えたところ、予算のやりくりをしてもらえたようで、以降の研修では手話通訳がつくようになった。

　法定研修は1年目だけではない。自治体によって異なるが、概ね3年目、5年目、10年目と続く。また、教員は夏期休業中（生徒が夏休みの期間）に自主的に研修を受ける。各地の教育委員会が主催する「免許法認定講習」などがそれである。特別支援教育分野や小学校の教員免許を取得するための現職教員向けの講習で、主に大学で開催される。採用年度にあたる2006（平成18）年にこの受講を申し込んだときは通訳がつかなかった。どうしても講習を受けたかったので、支援制度がまだなかった頃の大学でノートテイカーを集めたときの経験を活かし、地域の要約筆記者やパソコン通訳者のネットワークに依頼して有志のボランティアで来てもらった。どの日に誰に来てもらうかという派遣コーディネートも自分で行い、単位を取るために試験勉強もしなければならないので大変だったが、私の他にも情報保障を必要とする受講者がいたため、一緒に準備に取り組んだ。初任者研修に続き、認定講習にも情報保障を要望し、次年度からは予算が確保され、手話通訳者が派遣されることになった。数年前からは申込用紙に情報保障の要否を問う欄が設けられ、「手話通訳希望」を伝えやすくなった。2016（平成28）年現在、ろう教員が希望するすべての講座に手話通訳がつくわけではないが、同じ講座を複数で受講するなど調整をして受講できるようにしている。

さらに、教員免許状を取得してから原則 10 年後には、教員免許状更新講習を受けなければ免許が失効してしまう。この講習は大学機関に委ねられているのだが、大学側に情報保障の体制が整っておらず、手話通訳の費用を自己負担しなければならないと言われた人もいる。ろう難聴教職員の多くは、研修場面の情報保障が十分でないために困っている。

(3)　コーディネート責任の所在

　新年度 4 月に情報保障体制が整えられないことの背景には、複数の要因があるだろう。予算は通常、前年の秋から次年度の予算の詰めが始まる。採用が決まるのもその頃だが、時期的には情報保障のニーズのある新採用者がいることは分かるため、着任前に予算に組み入れることは本来十分可能なはずである。しかし、「合理的配慮として情報保障体制を考慮する」責任部署が明らかではない。

　2016（平成 28）年 4 月より施行された「障害を理由とする差別の解消の推進に関する法律」（通称：障害者差別解消法）に基づく合理的配慮を実現するためには、該当者がいてもいなくても、いると想定した上で必要となる額を予め組み込むことが求められる。誰が情報保障体制のコーディネートを担うかということから見直しをして、情報保障やその他の配慮が必要な人が漏れなくサービスを享受できるようになることが望ましい。

3.　着任者の手話研修機会の保障

　本節では、筆者と聞こえる教員との出会いによるエピソード

に基づき、手話研修機会の保障の必要性を示す。

　ろう学校における教員の手話力の向上は、よく話題に上がり、永遠のテーマの一つである。筆者がかつて手話サークルや手話教室の講師として活動していたころのエピソードを紹介したい。当時、地元のろう学校ではキュードスピーチ法（口の形で母音を、手の形で子音を表わすキューサインを出し、50音を表わす方法。指文字とは別）が採用されており、手話はほとんど使われていなかった。そして、ろう教育の現場で手話がなかなか広まらないことに対して手話コミュニティ内で疑問の声が高まり始めたころだった。ある20代の人が手話サークルにやって来た。ろう学校で教員をしているというその人は、手話がほとんどできなかったので、サークルの聴者メンバーの通訳を介して話をした。

　「どうしてろう学校の先生なのに手話ができないんですか？どうやって授業をするんですか？」と私もまた疑問に思っていたことを尋ねた。その場の全員が関心を寄せるテーマだったが、私の質問はその先生を泣かせてしまった。その後のやりとりを通して、私は教育行政の構造的な問題を知ることになった。

　教員採用試験受検者が秋に合格の通知を受け、配属先が分かるのはおよそ3月である。転任（異動）者の場合はもう少し早くわかることもあるが、今までろう者に会ったことがない、手話を使ったことがない人なら、聴覚特別支援教育がどのようなものであるのか調べるだろう。特別支援教育では自立活動分野の教育が設けられており、ろう学校では発音発話指導が大きな役割を占めてきた。「ゆっくりはっきり発音すればいいんだ」、「手話があまりできなくても大丈夫」と思ってしまっても不思

議ではない。

　もし手話が必要だと感じたとしても、教科指導や学級運営、日々の会議で日程が詰まっており、必要な手話の研修を事前に受ける場は用意されていない。もちろん、教育系の大学でろう教育を専攻してきた人や、大学で情報保障活動をやってきた人、手話サークルで活動したことのある人もいるが、そうした人たちは全体から見るとごくわずかであり、多くの聞こえる先生の卵たちは着任時に研修の場を必要としている。

　これが、筆者が手話サークルで出会った先生から聞かされた話の概要である。その先生は涙ながらにこう訴えた。「手話を覚えたいんです。でも、手話教室では自己紹介や家族、指文字から始まりますよね。明日の授業で使う手話はどこも教えてくれません。どうしたらいいんですか」。私をはじめ、その場にいた人たちは静まり返った。

　「ろう学校の先生は手話を使わない、口話ばかりだ」という話はろう者の先輩からよく聞かされていたが、このような教育行政の構造下では、着任時に手話ができなくて当たり前であるし、本を見て学んだ単語を並べただけの手話になってしまうのも頷ける。

　どうしたらいいのか、と悩んで来てくれた先生をどうするのか。「明日の授業では何を教えるんですか？」「今日ちょっと練習してから帰りますか？」と言葉を繋いだ。「専門用語は板書すればいいですよ」とアドバイスし、教室で使いそうな手話群を選び「始めます」「見てください」「読んでください」「書いてください」「分かりました」「分かりません」「分かりましたか」「終わります」のような表現を教えたと記憶している。こ

れでは先生も生徒も大変だな、と印象づけられた出来事だった。
　もう、今から20年以上前の、平成の初めごろの話である。現在はどうなのだろうか。さすがに状況は改善しただろうと期待したいところだが、答えは「変化なし」である。毎年、新学期には、全国のろう学校で多くの着任者がコミュニケーション面で大変な思いをする場面がくり返されている。
　教員の手話力向上にあたっては、教育センターやろう学校で研修の機会を設け、着任前後に集中して指導を受けることができれば、この問題は解決につなげることができる。条例第12条で必要な措置を講ずるとした鳥取県や群馬県の取り組みに期待するとともに、すべての自治体の条例に盛り込むべき内容である。

4. 手話通訳者の設置に向けた動き

　本節では、手話通訳者の設置に至るまでの経緯について述べる。2007（平成19）年を境にして、ろう教育は特別支援教育の枠組みに入ることとなった。このことにより、新任の教員は6年から7年で他校へ異動することになり、短期間で教員が入れ代わり始めた。それまでは、10年以上の経験がある教員がろう学校には多く在籍し、ろう教育の専門性を担保することができた。手話を習得し、校外引率で通訳ができ、ろう者の社会的な課題に取り組むことができたのである。それが近年では、ろう児童生徒の特質をつかんで指導ができるようになった頃に異動するので、ろう教育の専門性が担保できないと危惧するベテラン教員は多い。異動先もろう学校であればいいのだが、首

都圏や大都市を除いて、多くの都道府県で設置されているろう学校は1校である。

　在任期間が短くなるにつれ、これまで輪番で担ってきた会議や行事、研修のときの手話通訳の負担が一部のベテラン教員に集中し始めることになる。事例としてA、B、C、Dの4つのろう学校を挙げる。Aろう学校では、専門手話通訳者を設置してほしいという要望が聞こえる教員の間に広がりはじめた。このことは、手話通訳の業務の負担だけではなく、手話通訳を担当する教員の会議や研修に参加する権利の保障に意識を向け始めたことをも表わしている。

　Aろう学校では管理職からの働きかけと県の検討により、2009（平成21）年には手話通訳者雇用のための予算がつき、2010（平成22）年から手話通訳者が特別非常勤職員として採用され始めた。2011（平成23）年には手話通訳のほかに聞こえない教員のための会議などで情報保障ができる人が、職業安定所を通して募集されたことがあるが、パソコン要約筆記への需要はそれほどなく、手話通訳のみになった。手話通訳者は常時1〜2名いたが、2013（平成25）年ごろまでは入れ替わりが多かった。

　ここでコミュニティ通訳を主たる業務としている公的派遣通訳と、学校のように勤務地を固定して働く手話通訳との違いを見ていきたい。派遣通訳は毎回の現地までの移動が大変であるが、単発の通訳で終わるので人間関係を後に引きずることはない。一方、学校での手話通訳は手話を読み取れる人が多くいる中で通訳をすることになる。派遣のように1回で終わるのではなく、人間関係が継続していくので、同じ職場で通訳がうま

くできなかったことが重なると、精神的な負担がかかっていくことも想像できる。

　常勤の手話通訳者の設置は、手話言語条例施行の理念の実現に関わってくる。手話通訳者がいることによってろう教員は自分で電話をかけたり受けたりすることができる。手話通訳者という中立な立場の人がいることで、職場の人間関係に依存した電話の通訳を同僚に頼まなくてもよくなる。4月の人事異動で着任したばかりの人はまだ手話ができないが、そういう人も手話通訳者を通してろう教員と対等に仕事の話を進めることができる。

　一方で、手話通訳者が常駐することによって、聞こえる教員が手話通訳を担当する機会は減ってきた。結果として、A校では2016（平成28）年現在、手話通訳の資格をもつ教員はいない。このことを当然ととらえるのか、やはり手話通訳の資格も取って地域と関わってほしいと考えるのかは、今後の議論を待ちたい。

　また、聞き取りによる他のろう学校の動きを挙げておく。Bろう学校では、手話通訳者派遣機関及び行政との連携により、2015（平成27）年から職員会議への手話通訳者の派遣が始まった。Cろう学校では、2012（平成24）年から2016（平成28）年3月まで、教員免許と手話通訳の両方の資格を持つ人を非常勤職員として採用し、手話通訳以外の業務を主として行いながら、必要に応じて手話通訳業務も行った。また、Dろう学校はAろう学校の状況をヒアリングし、教員免許を持つ手話通訳者を特別支援員として雇用していると聞く。

　聞こえる教員もまた、ろう教員と対等に話したり、通訳を兼

務しないで会議に参加したりする権利がある。彼らのためにも、手話通訳者が必要である。手話通訳という職種が教育行政の枠組みの中にないために、手話通訳者の雇用が進まないのであれば、現場からの要請を支えていくために抜本的な体制の改革が急務である。

5. おわりに

　本論で明らかになったことは、おおむね次の3点である。第一に、ろう教育の現場に携わるろう教員の情報保障の現状、第二に、着任者の手話研修機会の保障の必要性、第三に手話通訳者の設置に向けてのそれぞれの取り組みである。

　本章のまとめにあたり、他の法令をもあわせ活用する戦略を提言したい。手話言語条例が普及し、手話言語法が成立すると「ろう学校の子どもたちは手話で学べ、「手話」の授業も受けられるようになります」と「手話でGo！」のパンフレットには書かれている。この理念を実現し、ろう者が望む教育環境を整備するためには、2013（平成25）年に成立した障害者差別解消法などの他の法令との連携がまたれる。なぜなら、手話言語条例は法的拘束力を持たず、合理的配慮の提供の必要性の検討などは、障害者差別解消法に定められているからである。

　現場にいるろう学校やろう教員も、条例や法令の理念をかなえるために協力できることがあるはずである。聞こえる、聞こえないに関わらず、働く自分の権利と仲間の権利を見つめてほしい。日々の現場の対応としては、手話通訳ができる教員個人に負担をかけがちであるが、自助努力だけでは難しいことを認

め、手話通訳者雇用に向けて率直に要望を伝えていかなければ始まらない。そして、教育行政に関わる人たちには、現場の課題を汲み取り、問題解決に向けた改革を進めていくよう願ってやまない。

参考文献

財団法人全日本ろうあ連盟. 2013 年.『手話で Go　〜手話言語法制定に
　　向けて〜』財団法人全日本ろうあ連盟刊.

参考サイト

神奈川県手話言語条例全文
　　http://www.pref.kanagawa.jp/cnt/gikai/p867124.html
　　検索日　2016 年 4 月 8 日
群馬県手話言語条例　http://www.pref.gunma.jp/02/d4200266.html
　　検索日　2016 年 5 月 27 日
鳥取県手話言語条例　http://www.pref.tottori.lg.jp/secure/845432/syuwa.pdf
　　検索日　2016 年 5 月 27 日

第7章
手話の言語法の意義
―ろう児の親の立場から―

高橋喜美重・玉田さとみ

1. はじめに

　ろう児の親として手話の言語法に期待することは、10年以上前から一貫している。

　2003年5月27日、全国の2歳から17歳のろう児とろう生徒、その親たち107名が日本弁護士連合会に対して人権救済申立を提出した。5年間におよぶ調査を経て作成された申立書

は全部で104頁、添付資料は40部、参考文献一覧86部、陳述書なども含め厚さ30cmに及んだ。筆者らも申立人の一人である。あの時、ろう児とその親たちが何を求めたのか。申立書の趣旨を抜粋してみる。

(1) 文部科学省は、日本手話をろう学校における教育使用言語として認知・承認し、ろう学校において日本手話による授業を行う。
(2) 文部科学省は、ろう学校において日本手話による授業を実施するため、各ろう学校に、日本手話を理解し、使用できる者を適切に配置する。
(3) そうでない教職員については、定期的・継続的な日本手話研修を行うものとする。
(4) 各大学のろう学校教師養成課程に、日本手話の実技科目及び理論科目を設置し、ろう学校教師希望者は日本手話の実技科目及び理論科目を履修することとする。

これを受けて全国各地で人権救済申立に賛同する署名活動が行われ、わずか半年で6万人の署名を集めた。ろう教育の世界の特殊性を知らない人から見れば、何を当たり前のことを言っているのかと不思議に思えることだろう。しかし、あれから13年経った現在でも申立の趣旨は満足に実施されたとは言えない状況が依然として続いている。

人権救済申立から2年後の2005年5月4日、日本弁護士連合会は調査の結果「手話教育の充実を求める意見書」を公開し、

文部科学省に手渡した。しかし、それはろう児と親と署名人たちが期待していた「勧告」ではなく「意見書」だった。しかも「意見書」の文面からは「日本手話」という言葉が消え、すべて単なる「手話」に置換えられていたのである。申立書には、日本手話について「独自の文法をもち、独立の言語として理解しうるもの」で「日本手話は日本語とは異なる語彙、文法体系をもつろう者にとっての自然言語である」と記してある。そして「言語としての日本手話」を語順や手指単語の文法化、頭の動き、目のふるまい、空間の文法化、引用の文法化などから詳細に定義していた。しかし意見書は「言語としての日本手話」を一般的な「手話」という言葉に置換えたのだ。

　申立代理人弁護士は、日弁連人権擁護委員会による事情聴取の中で『「日本手話」を単に「手話」と言い替えることは可能か』と質問され『不可能である』と答えたという。また、この事情聴取に先立ち、委員会からは13項目にわたる質問事項への回答が求められたそうだ。その13番目の質問が『「日本手話による教育を求める」を「手話による教育を求める」と変更することは可能か』というものであり、代理人弁護士は『そのような変更は不可能である。』と回答した。しかし発表された意見書には「日本手話」という記述はなかった。

　ここに、日弁連による意見書「第1提言」の冒頭の一部を記しておく。

第1提言
1　国は、手話が言語であることを認め、言語取得やコミュニケーションのバリアを取り除くために以下の施策を講じ、聴

覚障害者が自ら選択する言語を用いて表現する権利を保障すべきである。（中略）
2　教育委員会は、ろう学校に手話のできる教師を積極的に採用するなどして、手話による教育が可能となるような環境を整備する（中略）。
3　ろう学校は、幼稚部、小学部から手話を積極的に活用して子どもの言語能力の取得向上を図るべきである。

意見書の内容は十分満足できるものであった。しかし、言語としての「日本手話」が単なる「手話」に置換えられたことで、ろう児が公立ろう学校において「日本手話を学び・日本手話で学ぶ」機会の実現に近づくことはできなかった。

2.「手話」は言語なのか

　全国のろう学校の幼稚部・小学部の70％以上、中学部の90％以上、高等部のほぼ100％がコミュニケーションの手段として手話を用いているという。（特総研2005）
　数年前、公立ろう学校の中学部を見学した際、確かに教師の手は動いていた。教師は常に日本語を話しながら手を動かす。その手は時々止まり、時々動き、手話とは思えない不自然な動きをすることもある。生徒たちも声を出しながら手を動かす。最近のろう学校でよく見られるコミュニケーション手段「手話つきスピーチ」である。「手話つきスピーチ」とは"日本語への対応が不十分な手話"であり、教師がその時々の判断や自分自身が知る手話語彙の範囲で、日本語とともに手話を使用する

ものだという。少々乱暴な言い方をすれば、技術が未熟な日本語対応手話ということになるだろう。その技術がどれほど低くても、「聾学校でコミュニケーション手段として手話を用いている」にカウントされる。これが「全国の聾学校の中学部の90％以上」という数字の実態である。

　ろう学校には手話ができる教師が配属されるというわけではない。手話などまったく出来ない教師もろう学校に赴任してくる。では、教師はどうやって手話を学ぶのだろうか。ろう学校によっては、聞こえない教員の力を借りて、毎日少しずつ単語を覚える勉強会を行っているというところもあった。仮に1日3個の単語を週5日覚えても年間1000個に満たないわけで、授業ができる手話レベルには到底及ばない。教師の中には自ら手話サークルや手話教室に通って手話を学ぶ人もいる。つまり、教科指導に必要な教育言語を独学しなければならないのだ。そうなれば、おのずと学ぶ手話は日本語対応手話になる。なぜなら、日本手話を学べる場所は少なく、手話サークルや手話教室の多くが日本語対応手話だからだ。さらに日本語を母語とする聴者（聞こえる人）にとって、異なる言語の日本手話を学ぶより、日本語に手話の単語を対応させる日本語対応手話の方が入りやすい。しかも、ろう学校では補聴器や人工内耳を装着し残存聴力を活用した教育が行われている。いわゆる聴覚口話法がベースになっているのだから、日本語を話すことは大前提となる。したがって、教師は日本語を話しながら手を動かすことになる。つまり、現在のろう学校で使用できる手話は「手話つきスピーチ」か「日本語対応手話」にならざるを得ない状況にあ

る。それは、トータル・コミュニケーション法を見てもわかる。トータル・コミュニケーション法とは、①聴能（補聴器や人工内耳の利用）、②口話、③手話つきスピーチ、④指文字、⑤キュードスピーチ、⑥文字、⑦その他色々な方法を使ってろう児を教育するというものだ。仮に「その他」に「日本手話」を入れて、①から⑦の方法を見比べるとあることに気づく。「日本手話」以外はすべて「日本語」で「日本手話」だけが異質になる。つまり「日本手話による教育」と明記しなければ、「日本手話による教育」は行われない環境なのだ。こういう事を言うと、日本手話を使っている例もあると反論が出るだろうが、その数は話しにならないほど少ない。日弁連が「言語としての日本手話」の意義をもっと重く受け止めていたら、いまごろ何かが変わっていたかも知れない。

　では、親たちはなぜ「日本手話」にこだわるのか。

3. ろう児をもつろう親として言語法に期待すること

　筆者たちが切実に願っているのは、ろう教育において日本手話が当たり前になることである。ここにあげる「日本手話」とは、ろう者が日常的に使用している言語で、日本語とは異なる独自の文法や表現を持つ手話のことである。ろう者は目で話したり直感的に判断したりする。つまり目でものを考えるのだ。手話には「日本手話」の他に、「日本語対応手話」や「手話つきスピーチ」などがあるが、それらを否定するわけではない。ろう者の言語が日本手話であるように、聴者や難聴者、中途失聴者にとっては「日本語対応手話」や「手話つきスピーチ」の

ように、日本語がベースの方がわかりやすいと思うからだ。
　ろう学校の教師は聴者が多い。「日本手話」ができない聴者の教師たちは「日本語対応手話」か「手話つきスピーチ」を使って指導をしている。そこで重要になってくるのが、教師の手話がろう学校の生徒に通じているかどうかである。

　例として、「～しなければならない」の手話を取り上げて、どの程度通じるかを考えてみたい。
　ろう学校の教師は、「～しなければならない」と言うときに、声と同時に「やる、ない、必要」という三つの手話単語を表す。
　手話がまったくわからない読者のために少し説明をすると、日本語の「しなければならない」の「し」の部分に「やる（する）」という手話単語をつける。次に「なければ」を「ない」と表現し、「ならない」に「必要」の手話単語を当てはめるのだ。

手話単語　やる　　　　　ない　　　　　　必要
日本語　　し　　　　　　なければ　　　　ならない

　これだと「やる、ない」の後に「必要」と続くので、「やらないことが必要」、つまり「してはいけない」という逆の意味になってしまうのだ。
　このような事が度々起るため、生徒は混乱し教師の言わんと

第7章　手話の言語法の意義　83

することを正しく理解できないうちに授業が進んでしまう。教育の場で正しく伝わることは何より重要だと思うのだが、日本語を覚えさせようとするやり方が、逆にろうの生徒を置き去りにしているのではないだろうか。一方、日本手話で「〜しなければならない」を表わすと「やる　必要」となる。これが日本語の「〜しなければならない」の意味に相当し、ろうの生徒たちは一瞬にして理解できるはずだ。

手話単語　　やる　　　　　　　　　　　必要

　最近のろう学校では、聞こえない教師の採用や手話の使用を増やしていると聞く。しかし、実際には日本手話ネイティブのろう教師の採用は極めて少ない。ほとんどが難聴者や声を出す聞こえない人である。そして、学校現場では難聴の教師も聞こえる教師も、声を出しながら手を動かして指導をしているのだ。聴者は、声を出しながら手を動かすことで、ろう者にも聴者にも伝わると思っているようだが、それは大きな間違いである。聴者の教師は自分の声が自分の耳に届くが、ろう児の耳には入っていない。ろう児は教師の手の動きで判断しているのだ。しかも、多くの教師の手話には「手話の文法」がないだけでなく、単語の漏れや間違いがかなりある。生徒に正しく伝わって

いないにもかかわらず、教師は自分の声を聞いて伝わっていると勘違いするのだ。授業について来られない生徒を問題視する前に、教師は自分の手話のレベルを自覚するべきである。聴者が初歩の英会話教室に通った程度の英語力で学校の授業を英語でできるものではなかろう。ところが、手話はその程度で構わないという発想自体が「手話を言語」として認めていない証拠ではないか。

　英語と日本語の二つの言語を一緒に話す事は不可能だが、手話は手を動かすため、手話と音（日本語）を一緒にできると思い込んでいる人が多い。それが「手話つきスピーチ」や「日本語対応手話」の広がりにつながっているのだろう。しかし、ろう者には「日本手話」という日本語とは異なる文法構造をもつ独自の言語があるのだ。聴者の学校が音声日本語で教育を行なっていると同じように、ろう学校では日本手話の授業を受けられるようにするべきである。そもそも手話ができない教師がろう児に何を教えられるのかと疑問に思う。ろうの大人たちは自らの体験も含めて、こうした問題の解決に本気で乗り出さなければならない。また、聴者の教師はろうの子どもに向かって声を出しながら手を動かして教える限界を認めるべきである。
　充分な日本手話の力を持つろう教師や日本手話ができる聴者教師は極めて少ない。「手話言語法制定への動き」は、こうした教育現場の問題にどれだけ目を向けているのだろうか。

　『手話でＧｏ！〜手話言語法制定にむけて〜』というパンフレットがある。その中の「ケース１：ろう児に対して、手話を

使って教育をしていないの？」には以下のように書いてある。『聴者の学校は「国語」の授業で日本語の理解を深めているが、ろう学校には「手話」の授業はなく、自分の言葉である手話について理解を深めることができない。手話言語法が制定されれば、手話で授業が受けられるようになる』。手話言語法が制定されれば、ろう児は日本手話で授業が受けられるようになるのだろうか。言語法がなくても、すでに多くのろう学校で「手話つきスピーチ」や「日本語対応手話」は使われている。公立ろう学校の教師は大半が聴者なのだ。パンフレットには、誰が、どうやって手話を教えるのか、また手話で授業をするのかは書かれていない。

4. まとめ

　2013年10月、鳥取県で全国初の手話言語条例が成立した。淡い期待をもって「手話でコミュニケーション－鳥取県手話言語条例」という動画を見たが、日本語対応手話で語るろう学校の校長のコメントに落胆した。

「ろう学校では、算数とか英語のように手話を教えていませんが、手話は言語ですので、学校生活の中で自然に身につくものと思っています」

手話は言語だから学習しなくても身につくと言うのである。それなら、なぜ私たちは国語という教科を小学1年から毎日、高校生になっても学習するのか。日本語は言語なのだから学校

生活の中で身につくのではないのか。これが、手話言語条例を成立させた自治体のろう学校での手話の位置づけなのか。「手話は言語」だというのなら、手話という教科を置くことは当然ではないか。確かに知事や校長の手は動いているが、話している言語はまぎれもない日本語である。

　「手話は言語」という言葉が一人歩きしている。「手話は言語」だと手を動かしながら日本語で話す。その滑稽さに気づいて欲しい。そして、「手話が言語」だというのなら、少なくともろう学校には「手話」という教科を置くべきだろう。その中で、日本手話と日本語対応手話の違いもしっかり学習させなければならない。ろう児の母語は日本手話なのだから。

　ろう児もやがてはろう者になり手話通訳を必要とする。その手話は日本手話だ。手話には日本手話と日本語対応手話がある。日本手話を母語とする者に日本語対応手話の通訳者が来ても意味を成さない。逆に、日本語対応手話を話す人に日本手話の通訳者が来ても通じない。「手話は一つ」と言い続けたとき、困るのはろう者や難聴者自身だということに気づいて欲しい。「日本手話」と「日本語対応手話」を異なる言語として認めることが、両者を守り発展させることにつながるはずである。
　親たちは、ろう児の未来のために、あくまでも「日本手話」にこだわりつづける。

第8章
手話を言語として学ぶ・通訳する

木村晴美

1. はじめに

　信じられないことかもしれないが、現在の日本で「言語として手話を学べる」場所は非常に限られている。その事実を一般の人達は知らない。そのために手話の学習をめぐって悲劇が起こる。自分の学ぶものが「手話」だと信じていたのに、実はろう者には通じない、いわゆる「日本語対応手話（手指日本語）」

あるいは「手話もどき」だったという悲劇である。しかし、その悲劇に気づかず（あるいはなかったことにして）、日本語対応手話や手話もどきのようなものを学び、それを使い続け、手話通訳の活動をしている人たちがいる。

　なぜ、そのようなことが起きるのだろうか。

　手話についてはいくつかの神話がいまでも存在する。NPO法人手話教師センターが実施しているナチュラルアプローチ手話教授法講座では、「現行の手話教育の問題点」として必ずとりあげている三つの神話がある。「普遍性の神話」「語源の神話」「日本語対応手話（手指日本語）の先行に関する神話」の三つである。

2. 普遍性の神話

　まず、「普遍性の神話」から話そう。日本でもっともポピュラーな手話のテキストでは、「物の形や動きの特徴をとらえること」「身体全体を使って」「感情を込めて」「見てわかりやすい表現を工夫しましょう」ということが推奨されている。そのテキストは何回かの改訂を経ているが、いちばん新しい版でも「物の形の特徴をとらえること」や「具体的に」「表情豊かに」表現するようにといった記述が随所にみられる。また、このテキストに頻繁に出てくるのは、「身振りや表情などの工夫をしましょう」に代表されるように、手話表現において「工夫」を学習者に求めていることだ。

　ある言語が通じない相手に自分の意思を伝えたり、相手の考えや答えを知るために言語以外のコミュニケーション、例えば、

物を指さしたり、ジェスチャーしたりする等の「工夫」はあるかもしれないが、手話が言語であるのならば、そこに「工夫を加えて表現する」余地はない。「工夫」ではなく、その言語の文法体系を教えなければならない。日本語には日本語の文法があり、日本手話には日本手話の文法がある。日本手話の文法（基本語順、肯定文、否定文、テンスとアスペクト、指さしと文末指さし、NM（非手指要素）、文法的空間、CL（分類辞）、RS（役割交代）等）である。私たちが英語や韓国語、タガログ語等の外国語を学ぶとき、まず、その外国語の文法を知ることから始めなければならない。その外国語の単語を知っていても、文法を知らなければ、自分の使える言語（例えば日本語）の語順通りにその外国語の単語を並べるということになる。そのような滑稽なことが手話の学習においては当たり前に行われているのだ。そのため、手話学習者は、手話（の単語）を覚えても、手話らしい話し方、つまり、手話を母語もしくは第一言語とするろう者と同じような話し方ができずにいる。さらに厄介なことに、ろう者は声を出せないから（声で話せないから）手話だけで話すが、聴者は声を出せるから声（日本語）と手話を同時に使って話すことができるのであって、声と手話を同時に用いても言語としてそう違いはないと考えている人がいる。（あるいは違いに目を向けようとしないのかもしれない。）

　もうひとつ「見てわかりやすい表現」というのは、誰にとっての「わかりやすい」表現なのか。文法が易しければ、初心者でもわかる。しかし、この「見てわかりやすい表現」とは、そういうことではないのだ。「見てわかりやすい表現」の一例として、話し手の右側のスペースに＜コーヒー＞、左側のスペー

スに＜お茶＞を表現すれば、わかりやすいということになっている。しかし、ろう者の手話を注意深く観察していると、左右でなく、同じ位置で＜コーヒー＞、＜お茶＞と手話の単語を表出して、同時に並列表現を示す NM が表出されていることに気づくだろう。簡単な例を紹介したが、その問題の根は意外に深い。手話学習者や手話通訳者にとって「わかりやすい表現」は、ろう者にとって「わかりやすい」ことにはなっていないことに注意を払う必要がある。

3. 語源の神話

　次に「語源の神話」である。手話の語を紹介する（教える）とき、その語の成り立ち（語源）を説明する講師が多い。例えば、＜名前＞は拇印、＜秋田＞は蕗、＜おもしろい＞は狸の腹つづみ（月夜に狸が腹を叩いて楽しむという言い伝え）などといったようにである。手話を覚えるためのヒントとして語源の説明は必要とされ、また、納得いく由来を説明されることで手話学習者は安心する。手話の語源に関する知識は、ろう者より聴者のほうが豊富だという逆転現象も起きている。しかし、この教育法では、自分で表現することはできても、ろう者の手話を読み取れないという問題に陥るのだ。たしかに、手話は図像性（iconicity）の高い言語である。しかし、その語がいったんろう者の間で使われるようになると、その図像性は失われる。だが、手話学習者はその図像性に固執する。その結果、「ろう者の手話はそれぞれ癖があるから」「手話が早すぎるから」といって、自分が読み取れないという根本的な問題から目を背け

ようとしている聴者が多い。

　手話が言語であるのなら、もちろん音韻体系が存在することになる。音韻体系が存在するということは、何を区別し何を区別しないのかといった音韻的処理能力が求められる。例えば、ほとんどの日本人は発音の [r] と [l] を区別しないが、英語のネイティブは区別する。これと同じことが手話にもいえる。先述の＜名前＞と＜秋田＞は、どちらも同じ手型を用いるが、区別するための要素はたったひとつだけである。利き手側の親指が接触するのは非利き手側の手のひらか、手の甲かという違いだけである。しかし、語源を教えられた手話学習者は、語源に忠実な形（＜秋田＞は、葉っぱにみたてた手のひらを上に向け、茎に見立てた親指にその手のひらを乗せる）しか知らないので、語源の形に忠実でない＜秋田＞を読み取ることができない。

　文レベルになるとさらに音韻変化が著しくなる。それを「目にも止まらぬ早さ」と形容し、ろう者の手話は早すぎて読み取れないと、あとあと嘆くことになる。例えば、「それ、おもしろいね」という意味の簡単な手話文でさえ、読み取れない人がいる。＜おもしろい＞の位置が腹ではなく胸になったりすると、語源の形に忠実でないその＜おもしろい＞を認識できなくなるのである。他にも「悪くないね」という意味をもつ手話文は、＜悪い＞と＜ない＞の二つの語が音韻的に結合し、結果的に一語文に見える。＜悪い＞という語がもとの形をとどめていないため、手話のリエゾンのような音韻変化を理解する力を身につける機会のなかった手話学習者、手話通訳者はそれを読み取れない。

4. 日本語対応手話の先行に関する神話

　三つ目は「日本語対応手話（手指日本語）の先行に関する神話」である。私は以前、NHK 教育テレビ（現 E テレ）の「みんなの手話」に講師として出演していたことがある。当時、私は当事者でありながら、手話やろう文化についての知識が全くなく、番組が用意したシナリオに従っていた。すなわち、日本語の例文を示し、その例文にあわせて日本語対応手話で表現していたのである。「何かが違うぞ」と思いながらも、理論武装ができていなかった私は周囲の言いなりになるしかなかった。その後、米国の、目標言語を目標言語で、すなわち ASL（アメリカ手話）を ASL で教える直接教授法を目の当たりにした私は、日本手話は日本語とは全く異なる言語であること、そして、日本手話を話せる聴者を増やしていくには、まず日本手話を教えることから始めなければならないという事実に気づいたのである。米国では、ろう者と見まがうほどの ASL 話者（聴者）がたくさんいた。日本では考えられないことであった。

　帰国後、「みんなの手話」の番組ディレクターに、日本語対応手話でなく日本手話を先にとりあげてほしいと頼んでみたが、難しいといわれた。学習が容易な日本語対応手話が入門・初級レベルに相当するので、日本語対応手話が手話学習の基本だというのである。けれども、その後の交渉で、日本語対応手話の例文を最初にみせたあと、同じ内容の意味を持つ日本手話の例文を見せるというかなり無理な 2 本立てが実現した。だが、私の頭の中のスイッチの切り替えがたいへんだったこと、現場では「まず日本語対応手話を」という主張が堅牢だったことか

ら、数年で番組を降りた。
　現在の「みんなの手話」は日本手話の要素をかなり取り入れているようだが、手話教育の現場では、現在もなお、最初に聴者にとって学習の容易な日本語対応手話を教え、途中で目標言語をろう者の手話に変更するというスタンスを取るところが多い。手話講座の入門〜中級くらいまでは、不思議なことに身振りからスタートするが、そのあと、日本語対応手話をメインに、先述の「工夫」を取り入れた手話を教える。そして、上級になると、いきなり日本手話のビデオを見せ、読み取れなかったり、同じように表出できなかったりすると、受講生に「まだだ」「下手だ」と言うのである。日本語対応手話は、言語としては日本語の範疇に入る。それを最初に教えて、途中からいきなり別の言語体系を有する日本手話に変更するのは問題があるし、いったん日本語対応手話を身につけてしまうと、先述の日本手話に特有な文法（NM、RS、CL等）を身につけるのが難しくなる。

5. 三つの神話を乗り越えて

　三つの神話は、つまるところ、日本手話とろう文化に対する謙虚さや肯定的態度を失わせる恐れがある。そうならないためにも、第二言語習得の理論を取り入れた語学教育を行うべきである。「身振りの推奨」や「語源の解説」をやめ、「日本語で書かれた例文」は追放し、「聴者の規準」から「ろう者の規準」に手話の指導法を変えていくことから始めることが重要だ。
　言語と文化は密接な関係にあることはよく知られている。日

本語が「こんど結婚することになりました」のような「ナル」言語であるのに対し、英語は"We are getting married."（私たち結婚します）の「スル」言語であるというのは有名な例である。日本語はなんとなくなりゆきでそうなったような言い方が好まれるが、英語は誰が何をしたのかをはっきり示す。日本手話だと、＜私・指さし（彼女もしくは彼への指さし）2人、少し前、結婚する（ことを）決めました＞といった手話文になり、どちらかといえば、英語のように、誰が何をどうしたのかを明示する言語である。その言語を話す人たちの文化（ここでは、ろう文化）について知り、なぜそのように話すのかといった内面的なことまで包括して学べるようにしないといけない。

6. 手話通訳

　次は、手話通訳について考えてみたい。
　私の勤務校（通訳養成校）の卒業生が地域の登録手話通訳者として派遣された先で、通訳利用者であるろう者から「久しぶりに通訳者にあわせることなく、自分の言いたいことをふだんの手話で話すことができたよ」と感謝されたそうだ。このろう者は、いつも声を出したり、身振りを使ったり、日本語対応手話にシフトしたりして、自分のところに派遣されてくる手話通訳者の手話能力にあわせて自分の発話を調整していたのだろう。このエピソードは何を意味するのか。
　日本の手話通訳制度の歴史は1970年代までさかのぼる。手話通訳の養成が制度的に始まったのは1970年で、身体障害者社会参加促進事業のひとつとして手話奉仕員養成事業が開始さ

れた。その養成事業の目標は「福祉に熱意のある家庭の主婦等」に手話を教えて手話ボランティアとすることだった。その事業が始まる2年前の1968年には、「伊東論文」が出されている。その伊東論文は、福島で第1回全国手話通訳者会議が開催されたときに、伊東雋祐によって発表された。タイトルは「通訳論」で「ろうあ者の権利守る通訳を」という副題がつけられている。伊東は、手話通訳者の使命として、1）共同の権利主張者　2）ろうあ者問題の理解者、受容者、問題探求者　3）ろうあ運動への参加者、さらに民主的な国民運動との連帯者　4）ろうあ者の生活や職業の相談者　5）手話や指話、筆談の技術を絶えず学習する伝達技術の変革者、をあげている。当時のろう者や手話に対する偏見や無理解、差別等の社会的背景もあり、手話通訳者の理念の最初に「共同の権利主張者」をあげているところが興味深い。手話通訳者は、ろう運動に参加し、ろう者の人権を守るために共に戦うことが求められた。それは、伊東論文から11年後の1979年に出されたいわゆる「安高論文」でさらに明確となる。その論文は、第8回世界ろう者会議に提出されたもので、タイトルは「日本における手話通訳の歴史と理念」（高田英一・安藤豊喜）である。この安高論文で、「（手話通訳者は）ろう者の社会的自立、いいかえると社会的行動の自由の獲得のための協力者であり、援助者であることが正しい」とし、「手話通訳はすぐれた手話通訳技術者であることに先立って、すぐれた社会活動家であるべきである」と位置づけた。この主張に対して、筆者は正直にいうと違和感を覚える。当時のろう運動家のリーダー達は手話通訳者に「ろう運動」の担い手となることを強く求め、実際にそのようにして

運動を展開してきた。それは、1970年代の手話通訳の養成、設置、派遣制度の確立、1990年代の手話通訳技能認定試験（手話通訳士制度）開始、聴覚障害者情報提供施設の法制化、そして、今回の手話言語条例の制定等といった一連の運動成果をもたらしたかもしれない。しかし、一方で、通訳のスペシャリストとしての手話通訳を創出する土壌は作らなかったといってよい。

　雇用された手話通訳者の63％が「（手話通訳の）仕事を辞めたいと思っている、あるいは仕事を続けられないかもしれない」と回答のあった全国調査（2005）がある。非正規雇用で週5日勤務の手話通訳者の平均月額給与が15万円、登録手話通訳者の1時間あたりの平均謝金は1500円で、全体的に低評価、低報酬である。

　"The Sign Language Interpreting Studies Reader"、（Roy and Napier 監修、2015）のなかでRoyとNapierは「手話通訳者が専門職として確立されるまでに長い時間を要したのは、手話通訳という仕事が福祉分野から始まっているのと、手話が音声／書記言語と同等の言語として認められてこなかったからである」と書いている。日本にも同じことがいえる。Stokoeの論文 "Sign Language Structure: An Outline of the Visual Communication Systems of the American Deaf"（邦訳は『手話言語の構造』、1960）を契機に、米国や北欧等の先進国は、ろう者をコミュニケーションの支援対象から、手話というマイノリティ言語を話す人として位置づけ、手話教育も通訳教育も、第二言語習得の理論や、手話言語学の研究等から得た知見をもとに行なわれるようになった。米国のスタンダートとなってい

る手話テキスト"Signing Naturally"シリーズ（Dawn Sign Press）はその一例である。また、米国では手話通訳養成は、ほとんどが大学で行なわれている。RoyとNapier（2015）は「（手話）通訳者を二つの言語と二つの文化をつなぐ言語のスペシャリストとして位置づけることは、ろう者、通訳者の両方の地位を高めることを意味した」と書いている。一方で、日本は、福祉的視点から社会的視点への転換ができないまま、「現在日本の手話通訳を支えている手話通訳ボランティアへの専門的研修を行い、多様化・専門化する通訳内容に対応できるよう質の向上を図る」（小出1995）状態がいまも続いているのだ。

　通訳は、異なる言語を話す人達の間に入って双方のメッセージを相手方の言語に変換して伝える。つまり、「"今、ここで"言語と文化の障壁を越えてコミュニケーションに参加したい人々のために行なわれる」（ポェヒハッカー2008）。それができるようになるためには、通訳者は、まず、通訳しようとする二つの言語について高い言語能力を持たなければならない。そして、すぐれた通訳スキルはもちろんのこと、多様な通訳場面に対応するために豊富な知識と教養を持つ必要がある。さらに、異文化に対する正しい理解を持ち、守秘義務等の倫理に対する理解と遵守が求められる。通訳になるには、そういった高い資質と能力を持つ必要があるのだが、本節の冒頭で紹介したろう者のエピソードは、それができていないことを示している。米国のろう活動家として知られるMJ Bienvenu（1991）は、「外国語の通訳者はその外国語が話せるから通訳する。手話通訳者は耳が聞こえるから通訳する」とASLのできない通訳者を風刺した。

手話が言語であるのならば、日本語と日本手話はまったく別の言語であるということをまず認識すべきである。そうすれば、おのずと音声と手話を同時に使って話す人はいなくなるだろう（ろう者の大会の来賓挨拶等で、議員が声をはりあげながら手を動かすという場面を見ることもなくなるだろう）。そして、手話教育・通訳教育の分野で、コミュニティ通訳にも会議通訳にも対応できる言語のスペシャリストを養成する覚悟を持たないと、言うまでもなく手話言語条例は実体の伴わないハリボテと化すだろう。

参考文献

Cynthia B. Roy and Jemina Napier（2015）*The Sign Language Interpreting Studies Reader*: John Benjamins Publishing Company.

Ella Mae Lentz and Ken Mikos and Cheri Smith（1988）*Signing Naturally*: Dawn Sign Press.

フランツ・ポェヒハッカー（2008）『通訳学入門』みすず書房.

林智樹（2010）『「手話通訳学」入門』かもがわ出版.

小出新一（1995）「日本における手話通訳の現状と課題 〜世界会議レポート 手話通訳分科会」『全国手話通訳問題研究』56号.

MJ Bienvneu（1991）*TBC News*: monthly newsletter of The Bicultural Center.

理論講座冊子編集委員会（2000）『東京支部・理論講座 手話通訳のあり方・動き方 講師 市川恵美子』全国手話通訳問題研究会東京支部.

社会福祉法人全国手話研修センター（2004）『手話奉仕員養成テキスト 新・手話教室』財団法人全日本聾唖連盟出版局.

社会福祉法人全国手話研修センター（2104）『手話奉仕員養成テキスト

手話を学ぼう 手話で話そう』一般財団法人全日本聾唖連盟出版局.
白井恭弘（2013）『ことばの力学 〜応用言語学への招待〜』岩波新書.

謝辞
英語文献の邦訳をしてくださった高木真知子さんに感謝の意を表します。

執筆者紹介（掲載順 *は編者）

森壮也（もり　そうや）*
JETROアジア経済研究所開発研究センター主任調査研究員、元日本手話学会会長
「日本手話」①〜④『ことばと社会3,4,7,8号』三元社（2000, 2000, 2003, 2004）
「ろう当事者として世界各地の自然言語としての手話の文法の解明に取り組んでいます」

赤堀仁美（あかほり　ひとみ）
明晴学園教諭、NHK手話ニュースキャスター
『文法が基礎からわかる日本手話のしくみ』共著（岡典栄・赤堀仁美）大修館書店（2011）
「「手話はろう者の母語である」という視点に立って日本手話学習に役に立つ教材作りに取り組んでいます」

岡典栄（おか　のりえ）
明晴学園国際部長・中学部教諭
『日本手話のしくみ練習帳』共著（岡典栄・赤堀仁美）大修館書店（2016）
「日本手話と出会った時期はおそかったのですが、その分、この希少な言語を消滅させたくないという気持ちは強いです」

杉本篤史（すぎもと　あつぶみ）
東京国際大学准教授
「再考 言語と憲法学」東京国際大学論叢国際関係学部編第20号 pp.53–71（2015）
「日本手話も含めた日本の少数言語について、言語権・言語政策の観点から研究しています」

戸田康之（とだ　やすゆき）
朝霞市聴覚障害者協会会長
「この刊行が、条例や法律に「日本手話」と明記することの後押しになることを願っています」

森田明（もりた　あきら）
明晴学園中学部教諭
「日本手話、書記日本語のバイリンガル教育法をろう教育に活かす努力をしています」

佐々木倫子（ささき　みちこ）*
桜美林大学名誉教授
『マイノリティの社会参加―障害者と多様なリテラシー―』（編著）くろしお出版（2014）
「真のバイリンガルろう教育の確立・普及を願って、ろう者をお手伝いしています」

秋山なみ（あきやま　なみ）
川崎市立聾学校教諭
『手話でいこう―ろう者の言い分 聴者のホンネ』共著（秋山なみ・亀井伸孝）ミネルヴァ書房（2004）
「ろう者が身につけたい英語とは何なのかを考えながら、聾教育に関わっています」

高橋喜美重（たかはし　きみえ）
春日部市聴力障害者協会手話対策部
「ＮＰＯ法人手話教師センターのメンバーの一人として、日本手話の講師をしています」

玉田さとみ（たまだ　さとみ）
放送作家

『小指のおかあさん』ポプラ社（2011）
「ろう児を日本手話で育てた聴親として、ろう児の立場に立った教育を訴え続けていきます」

木村晴美（きむら　はるみ）
国立障害者リハビリテーションセンター学院・手話通訳学科教官、NHK手話ニュースキャスター
『改訂新版　はじめての手話』共著（木村晴美・市田泰弘）生活書院（2014）、『日本手話と日本語対応手話　～間にある深い谷～』生活書院（2011）
「ろう通訳者＆フィーダーの養成に取り組んでいます」

手話を言語と言うのなら
What Does It Mean to Say That JSL Is a Language?
Edited by MORI Soya and SASAKI Michiko

発行	2016 年 12 月 1 日　　初版 1 刷
	2017 年 1 月 23 日　　　　2 刷
定価	1300 円＋税
編者	ⓒ 森壮也・佐々木倫子
発行者	松本功
装丁者	渡部文
印刷・製本所	株式会社 ディグ
発行所	株式会社 ひつじ書房
	〒 112-0011 東京都文京区千石 2-1-2　大和ビル 2 階
	Tel.03-5319-4916　Fax.03-5319-4917
	郵便振替 00120-8-142852
	toiawase@hituzi.co.jp　http://www.hituzi.co.jp/

ISBN978-4-89476-829-1

造本には充分注意しておりますが、落丁・乱丁などがございましたら、
小社かお買上げ書店にておとりかえいたします。ご意見、ご感想など、
小社までお寄せ下されば幸いです。